한국 전통문화의

허울을 벗기다

한·중 문화 심층 해부

장혜영 지음

어문학사

책머리에

    은유의 과월過越 팽배와 현혹이 질료의 성역을 무단 활보하는 언어과잉의 시대에 소박한 진실은 수사학의 마법에 휘말려 허위虛僞의 탈 뒤편으로 배타되고 있다. 수요의 광란이 원형을 굴절시키고 실리적 욕구가 진위眞僞의 경계를 유린하는 이데올로기 담론이 공익共益을 명분으로 정당화될 수 있다면 진리의 강은 독사doxa의 썩어버린 분비물에 오염될 수밖에 없다. 수질개선의 근본적인 대책은 위선의 대본영을 공략하는 전략뿐이다.

    변별적 환경의 피조물인 문화의 고유성은 민족적 아이덴티티 형성과 존치를 보장하는, DNA를 한정 배포하는 모태이다. 문화소는 늙은 전통의 수레를 타고 과거를 횡단하여 현재로 운송된다.

    한국은 유사 이래 중원문화라는, 불가항력적 대륙풍에 풍화되어 토착문화의 빈곤과 고유성탈수증후군의 만성변방질환으로 반만년의 문화통증을 버텨내야만 했다. 이러한 결론은 박래를 전통으로 둔갑시키고 상용소비재를 고가귀중품으로 과대 포장하는 등 탈 학문적인 문화세탁과 편파품평의 술수로 명인반열에 무임승차한 보수논객들의 거품담론을 취사取捨하고 한직閑職의 진실을 복권시키는 글쓰기를 통해 자증自證된 것이다. 한국문화계보에서 외래문화가 포진하는 비중은 너무나 방대하며 게다가 문화밀착으로 인한 강력한 점성으로 육화되어 식별의 혼란과 학술적 분류의 난이도가 정상수위를 초월한다.

원래 문화에는 위계와 우열의 척도가 없다. 방향이나 속도시스템 같은 부가회로가 장착되지 않았기 때문이다. 하나의 문화는 해당문화를 소비하는 공동체가 할당된 외계와의, 최적 소통의 당위적 생존방식일 따름이다.

그러나 일단 문명이라는 프리즘에 포착되어 통과의례를 치르는 순간 문화는 타문화와의 횡적 비교로 인해 방위와 속도기능이 가동되며 문명경주의 승부 보폭을 통제한다. 더 나아가 스피드의 차이는 서열과 등급의 격차를 유발한다.

온돌문화의 모체에서 부화한 한국고유 문화가 그 협소한 규모를 상회하여 문명 지향적 액션에 반동하는, 걸림돌역할을 했다는 사실을 밝히는 것이 본서의 집필취지이다.

『붉은아침』(전2권), 『한국의 고대사를 해부한다』에 이어 세 번째 졸저의 출간도 흔쾌히 허락해 주신 윤석전 대표님께 사의를 표한다.

이들의 이름을 호명하는 것은 나의 최대의 행복이다.

아내 함명순 씨, 아들 장초령, 장초봉.

사랑한다!

이 책을 펼치는 모든 분들의 행운을 기원한다.

2010년 3월 25일

서울에서

차 례

제1장
주거문화 담론

인류를 별개의 생존 방식을 영위하는 두 개의 민종民種으로 분류하는 막후 조종자는 자연환경이다.

농경민과 유목민의 분화가 그것이다. 비옥한 토지와 수자원을 겸비한 중원의 자연환경은 농경 정착민을 육성하는 자궁이 되었고, 푸른 초원과 살찐 가축을 가진 북방은 유목민을 잉태하는 모태가 되었다.

그런데 이러한 민종의 분화는 서로 다른 문화 환경에 의해 다시 변별적인 민족들로 세분화된다. 문화 환경이라 함은 구체적으로 주거문화, 음식문화, 복식문화를 위시하여 풍속, 신앙 등의 생존 양식을 말하는데, 이들은 특정 민족의 생체적 성장과 성격형성, 심리구조를 구성하는 데 결정적인 영향을 미치는 요소들이다. 우리는 문화 환경의 분석과 횡적 비교를 통해 특정 민족의 과거와 현재에 대한 파악은 물론이고 미래까지도 예단할 수 있다.

본서 제1장 『주거문화 담론』에서는 한국 건축의 총체적 고찰보다는 주로 중국 건축과 변별되는 한옥 고유의 특징들만 선별하여 이를 중국 건축의 특징들과 심층 비교함으로써 한옥 주거문화가 한국인에게 미친 역사적 영향에 대해 집중 조명하려고 한다. 한옥의 특징들로는 대외에 은폐된 대문, 낮은 담장, 다多창호, 넓은 마루, 온돌, 높은 굴뚝 등으로 열거된다. 중국 건축양식과의 중복을 탈피한 이들 한옥의 고유성이 한국인의 신체 발달과 성격 형성, 심리구조에 어떤 영향을 미쳤는가 하는 일련의 문제가 본 장에서 다뤄질 기본 테마가 될 것이다.

1. 개폐기능과 기氣의 통로―대문

건축의 본질적인 기능은 안전영역 확보이다. 선사시대 움집에서부터 현대 건축에 이르기까지 인류의 주거 역사는 세 차례의 획기적인 변화 단계를 거쳤다. 그 첫 번째로는 위험이 존재하는 외계와의 차단을 목적으로 한 단순 구조물에 의한 안전지대 확보이다. 여기서 위험이라 함은 비, 눈, 바람, 도둑, 맹수를 비롯한 외적인 침해를 뜻한다. 그런데 가옥에 의한 외계와의 단절은 안전성이 실내에만 국한될 뿐 외곽지대는 여전히 위험지역으로 남는다. 이러한 주거 형태에서 안전보장은 실내에 안주하는 방법 뿐이다.

그러나 인간은 역설적이게도 살아가기 위해서는 위험이 도사린 야외에서 활동하지 않으면 안 된다. 물도 긷고 나무도 쪼개고 식료채집과 수렵도 해야만 한다. 나물을 말리고 곡식 타작도 하려면 허구한 날 방 안에 들어앉아 있을 수만은 없는 것이다.

그런 실제적인 수요로 인해 두 번째 주거 변화가 일어났는데 그것이 바로 담장이다.

담장은 옥외의 기존 위험공간 일부를 안전영역으로 확대함으로써 인류의 주거활동공간을 넓혀주는 획기적인 사건이기도 했다. 담장으로 인해 마당과 뒤뜰은 밖이면서도 안전한 장소이고 안이면서도 밖인, 주거완충공간이 탄생하게 되었다.

대문은 바로 이 담장과 함께 산생하여 발전, 소멸의 과정을 진행해 왔다. 대문의 기능은 담장에 의해 폐쇄된 안팎을 소통하고 차단하는 개폐 역할을 담당한다. 대문을 닫으면 안전지대가 되고, 열면 단절되었던 내외가 소통된다. 대문과 연대하여 발달하던 담장은 잦은 전란과 외침으로 인해 급기야는 거대한 성벽으로 발달하여 축조되기에 이른다. 만리장성이 가장 좋은 사례이다. 이렇듯 지난날 담장이 효과적인 방어기능을 발휘할 수 있었던 이유는 대지大地에 비해 천공天空은 상대적으로 위험 요소가 없었기 때문이다. 지표에 견고한 장애물만 설치하면 공중으로는 외세 침입이나 위험 침투가 불가능했다.

그러나 현대문명과 전쟁으로 인한 무기의 발달로 인해 천공도 더 이상 안전지대는 아니었다. 대포, 비행기 앞에서 담장은 물론, 철옹성 같던 만리장성도 방어기능을 상실했을 뿐만 아니라 나중에는 도리어 자신을 협소한 공간에 가두는 역작용만 놀았을 따름이다. 게다가 근대에 접어들어 기하급수적으로 성장한 인구증가와 도시화의 촉진을 통해 대문 밖의 비안전지대가 안전영역으로 대폭 확장됨으로써 대문은 담장과 더불어 그 의미와 작용이 점차 퇴색하고 있는 실정이다. 이것이 주거환경의 세 번째 변화이다.

대문의 기능은 방어, 출입, 소통에만 국한되지 않는다. 중국의 건축에서 대문의 전통적인 기능은 풍수지리설에서 유래되었다. 즉 가옥 안팎으로 횡단하는 기의 흐름을 통제하는 장치

한국 전통문화의 허울을 벗기다-한·중 문화 심층 해부

로서도 기능을 수행한다.

중국인의 관념 속에서 대문은 중요한 위치를 차지하고 있다. 그것은 문의 실제 기능뿐만 아니라 중국인들의 풍수 관념과도 관련된다. 풍수지리설에 의하면 대문은 주택의 인후이자 건축물의 안과 밖을 소통시키는 숨길이기도 하다. 풍수설은 대문이 위로는 하늘의 기운과 통하고, 아래로는 땅의 기운과 접하며 기가 모이고 흩어지는 것과도 관계가 있다고 여긴다. 따라서 대문의 위치 선택과 제작은 주택의 총체적인 구성과 성패와도 관련될 뿐만 아니라 주거의 길흉화복과도 관련된다.[1]

중국의 전통주택인 '사합원'은 바로 이러한 전통풍수설의 영향을 받아 대문의 위치를 설정하고 있다. 대문이 좌향을 가지게 된 계기는 주택이 일반적으로 남향을 선택하기 때문이다. 추운 북쪽을 등지고 따뜻한 남쪽을 향함으로써 득온, 채광할 수 있었다. 이에 따라 대문도 주택의 정면인 남, 동남, 서남에 내게 된 것이다. 지형원인으로 동향을 선택했을 경우에 대문은 동남쪽으로 냈을 것이다.

대문의 개폐기능은 문을 닫으면 기의 흐름을 주택 내부로 모아들이고, 문을 열면 흩어지도록 통제한다. 그러나 한옥에서는 담장이 낮아 대문의 개폐와는 상관없이 항상 기가 흩어

---

1 『中国民居三十讲』, 王其钧 编著, 中国建筑工业出版社, 2005년 11월, p.81.

지기만 할 뿐이다. 기의 흐름은 방위에 따라 길흉이 분리된다.

　　동남쪽이 풍수에서는 기를 받아들이기에 가장 양호한 위치라고 한다.[2]

　　건乾(서북)과 곤坤(동남)이 가장 길한 방위라는 풍수설에 근거해 주택의 대문 위치를 결정한다는 것이다. 따라서 도로의 북쪽에 위치한 주택에서 대문은 남동쪽 구석에, 도로의 남쪽에 위치하는 주택에서 대문은 북쪽 구석에 위치해야 한다. 또한 북동쪽은 그 다음으로 좋은 방위이므로 이곳에 우물을 설치하거나 부엌을 두는 것이 타당하고, 필요하다면 대문을 설치할 수도 있다.[3]
　　그런데 특이한 것은 한옥의 대문이 대부분 막다른 골목에 위치해 있다는 사실이다.

　　99간 집이라는 대규모의 집인데도 대문은 막다른 골목 안에 있었다. 대구의 보본당報本堂이란 최씨댁도 그렇고 단성丹城의 이씨댁도 그렇고 보은報恩의 선宣씨댁도 달성達成의 문文씨댁도 대문이 골목 안 막다른 데 있었다. … 옛집은 무엇이 그리도 수줍은지

---

2 『깊게 본 중국의 주택』, 손세관, 열화당미술책방, 2001년 9월 10일, p.38.
3 동상서, p.36.

일부러 후미진 골목을 꼬불거리게 만들어 그 안에 대문을 세웠던 것이다.[4]

한옥의 대문이 오불꼬불한 길 뒤에 은폐된 이유는 우선 한국의 지형과 관련이 있다. 한국의 마을은 보통 골짜기나 산비탈에 위치해 가옥과 연결된 길이 꼬불꼬불할 수밖에 없다. 그러나 이러한 자연적인 현상은 나중에 유교적인 해석과 포장으로 인해 전통 한옥의 특징으로 정형화되었을 가능성이 크다. 대문을 통해 내외출입을 하는 행위는 유교적인 시각에서 볼 때 남녀의 성행위를 방불케 한다. 그럴 경우 대문은 여자의 하문 또는 옥문을 상징한다. 유교 관념에서 성기와 성교 장면은 반윤리적이고 수치스러운 치부이므로 은폐 대상에 속한다. 더 나아가서 대문 접속자의 성행위를 제3자의 시선에 노출시키지 않으려는 의도도 다분한 것으로 간주할 수 있다.

한옥 대문의 또 하나의 특징은 높은 대문과 낮은 담장이라는 기이한 현상이다. 이런 기현상은 좌식생활에 맞춘 낮은 담장과 섰을 때의 신장에 맞춘 높은 대문의 구조에서 기인한다. 그 결과 대문을 닫았을 경우에는 외부와의 완벽한 차단이 불가능하고, 열었을 경우에는 상시常時개방 상태를 중복할 따름이라 기嗇현상으로 이어질 수밖에 없다. 이는 폐쇄를 통해 외부 위험을 차단하고 기를 모으고 흩트리는 대문의 통제기능이

---

4 『한국의 살림집』, 申榮勳, 悅話堂, 1983년 8월 5일, p.33.

사합원의 대문
입식생활에 맞춰 담
장과 대문의 높이가
균형을 이루고 있다.

한옥대문
온돌좌식생활의 습속
에 맞춘 낮은 담장과
입식출입에 맞춘 높
은 대문이 조화를 이
루지 못한 채 기이한
모습을 연출하고 있
다.

퇴화하여 단순히 출입기능으로서만 활용된다는 문제를 야기한다.

대문을 '후미진 골목'에 은폐시킨 원인을 보명保命 수단[5]으로 여기는 견해도 타당성이 결여되어 있다. 낮은 담장의 외부로부터의 위험 침투를 효과적으로 차단하지 못하기 때문에 대문을 은폐한다고 해서 구조적인 허점을 미봉할 수는 없다.

사합원의 영벽(影壁)
영벽은 개폐보다는 기(氣)의 소통, 조절, 통제기능을 담당하는 장치이다.

대문의 기능은 사합원의 경우 영벽影壁[6]에까지 연장된다고 필자는 생각한다. 영벽을 내외 분리기능을 이유로 담장과 연계시키는 학자들도 있지만, 담장은 폐쇄적인 데 비해 영문은 폐쇄와 개방의 기능을 포괄하고 있기에 대문의 기능에 가깝기 때문이다. 영벽에 의한 내외 분리(담장의 기능)는 폐쇄에 그치지 않고 개방성을 통해 우회적 소통기능을 수행한다. 그 소통의 주체는 풍수설에서 일컫는 이른바 기氣의 흐름이다. 그러니까 영벽의 구조는 개폐기능보다는 소통, 조절, 통제기능을 담당하는 장치라고 할 수 있다.

기氣는 중국의 철학용어로, 모든 존재현상은 취산聚散, 즉 기

---

5 동상서, p.33.
6 대문 바로 안쪽에 설치되며, 중국인들은 이것이 잡귀가 들어오는 것을 막아주는 역할을 한다고 생각했다. 사합원에서 대문을 통해 바라보는 시선은 영벽으로 차단된다.

가 모이고 흩어짐에 따라 생겨나고 없어지는 것이며 따라서 생명 및 생명의 근원으로 보기도 한다.

그러나 기의 원뜻은 호흡을 뜻하는 숨息, 공기가 움직이는 바람風이었다. 기가 철학용어로 사용된 것은 노장철학에서 우주의 생성변화를 기의 현상이라고 한 데서부터 시작되었다.[7] 한자해석에서는 공기, 냄새, 바람, 날씨, 자연현상, 기체, 가스 등의 의미로 풀이된다.

중의학에서 기의 내원은 선천지정기先天之精氣(부모에게서 전수)와 수곡지정기水谷之精氣(음식물에서 획득), 흡입지정기吸入之精氣 등 세 갈래로 분류하는데 이중 흡입지정기는 자연의 맑은 기운, 즉 바람, 기체 등 호흡과 관련된 기를 말한다. 영벽은 인간의 생명 유지에 필수인 바로 이 흡입지정기를 모으고 흩어지게 하는 조절기능을 가진 주택의 구조물이다.

문 앞의 영벽과 원院 내의 영벽은 기류氣流로 하여금 영벽을 돌아 통과하도록 하기 위함이다. 기가 모이면 흩어지지 않는다.[8]

영벽의 작용은 무엇보다 먼저 외부의 불결한 기류를 차단하는 것이다. 중국 풍속에서 외부의 기는 귀사지기鬼邪之氣라 하여 기피한다. 기라는 것은 바람의 움직임, 즉 기류이다. 외부

7 두산백과사전.
8 인터넷 사이트자료.

의 기를 일컬어 귀사지기라 함은 그 기류가 자연 상태 그대로 임을 의미한다. 냉기, 열기, 습기, 온기, 오기汚氣(오염된 불결한 바람), 야기野氣(거친 들바람), 광기狂氣 등은 절제와 순화의 여과과정 없이 정화되지 않은, 광활한 대자연 속에서 거침없이 광분하던 기류이므로 그대로 흡입할 경우 인간에게 해롭다. 이러한 이유 때문에 중국인들은 기괴奇怪한 기는 직행 자래자 거自來自去한다고 여겼다. 『용경龍經』의 '자래자거'에 대한 『한자사전漢字詞典』의 해석은 "오고감에 있어서 중도에 우회하지 않고 한 곳에 멈추지 않음을 뜻한다"라고 되어 있다. 역으로 나쁜 기운을 멈추거나 우회하면 그 사기邪氣가 죽는다는 것을 알 수 있다.

냉기는 북쪽에서 흘러내려온 기류로서 생물의 성장을 억제하기에 북쪽은 죽음의 땅으로 상징된다. 열기 또는 화기는 남쪽에서 불어오는 바람으로, 적정 도를 넘으면 인간의 생존에 해를 끼친다. 습기는 균의 온상이며 질병의 원인을 제공한다. 건기는 생명체의 성장을 저해하며, 오기는 외부에서 오염된 기류여서 불순하고, 야기와 광기는 야생의 광막한 산과 들에서 날뛰고 뒹굴며 거칠어진 광적인 기류이다.

영벽은 바로 정화되지 않은 외부의 이런 사기를 통제하는 역할을 한다. 사기는 영벽에 의해 그 직행의 광기를 멈추는 순간 순화되고 정제된다. 냉기는 따스해지고 열기는 식고 습기는 마르고 건기는 눅눅해지며 오기는 먼지 등 불순물이 가라앉고 야기와 광기는 온순해진다. 영벽에 막혀 그렇게 순화되

한옥 담장
(김해한옥체험관)
(출처: 한국관광공사)
낮은 담장은 내외 차
단기능을 상실하고
있다. 시선도 개방되
어 있다. 이는 담장
의 높이를 온돌 좌식
생활의 시선에 맞도
록 설치했기 때문이
다.

북경 골목의
사합원 담장
가옥 내부와 외곽 사
이에 높은 담장을 설
치하여 철저히 폐쇄
하고 있다. 담장의
차단기능을 최대한
살리고 있다.

한국 전통문화의 허울을 벗기다–한·중 문화 심층 해부

고 길들여진 기운은 다시 영벽 안으로 흘러들어가 생존에 필요한 에너지를 공급한다. 영벽은 원 내에 집결된 좋은 기를 발산하지 않도록 보호하는 역할도 담당한다.

그러나 한옥에는 외부의 길들여지지 않은 기류를 정화하는 완충시설이 없다. 나쁜 기운—직풍直風은 낮은 담장을 넘어 건물 안으로 난입하고 벽체가 없는 마루를 직통하며 광기를 지속한다. 기는 외부에서와 마찬가지로 통과만 할 뿐 멈추지 않는다.

영벽의 내외 시선차단과 사생활보호기능은 봉건국가의 사회구조와 관련이 깊다. 봉건제도의 유기체적 중추를 구성하는 뼈대는 혈통이다. 여기에 지연과 인맥을 더하면 봉건사회라는 패러다임이 형성된다. 그런데 혈통의 근본은 가족이다. 당시의 사생활공간 범위는 가족공동체 내에 한정되어 있었다. 군신, 지인, 이웃을 포함하여 가족 이외의 사람들과의 교제에서는 예를 지켜야 하기 때문에 은밀한 사생활을 공유하거나 노출할 수 없었다. 가족 외의 타인, 옥외의 사람들에게는 실내에서 평상복을 입고 긴장이 풀린 일상의 느슨한 모습을 보여줄 수 없었으며, 그 속에서 진행되는 사적인 교제 역시 비밀에 부쳐졌다. 문인들은 사적인 시서詩書를, 무인들은 가내전통무술을 사저私邸 밖의 타인들에게 노출시키기를 꺼렸다. 시서, 무술은 모두 가족 내에서만 세습되는 것이기 때문이다.

결론적으로 평야지대인 중원의 사합원에서는 광야의 막힘 없는 흐름으로 거칠어지고 광적이 된 기류를 길들이고 세勢를 꺾기 위하여 담장, 대문, 영벽과 같은 통제기능을 수행하는 구조물들이 발달하였다. 반면 산악지대인 한반도는 기류가 산세에 막혀 어느 정도 세가 꺾인다는 천연 통제기능만 믿고 차단구조물이 상대적으로 발달하지 않았다. 사기邪氣가 비록 지세에 의해 얼마간 세가 꺾였다고 할지라도 완전히 정화되지 않은 상태이므로 인간과의 직접적인 접촉은 건강에 해로울 수밖에 없다. 상서로운 기운이 모이지 않고 항상 불순한 기운에 노출되는 공간에서의 생존은 건강유지 차원에서도 불리하다는 것을 볼 때 우리는 구조물을 통해 고찰한 한옥구조의 단점을 어렵지 않게 발견할 수 있다.

2. 담장의 높이와 생존 공간 구성

담장은 외부의 위험으로부터 가족을 보호하고 안전한 생활 공간을 확보하기 위해 탄생되었다. 외부의 위협은 자연과 인간 두 갈래로 분류할 수 있다. 자연으로부터 강요되는 위험은 다시 인체건강에 직접적으로 영향을 미치는 기후적 요소(특히 풍수설에 의해 부각된 문화)와 인체 상해와 직결되는 맹수의 위협으로 분류된다. 담장은 바로 이 정화되지 않은 외부기류의 엄습을 차단하고, 맹수의 기습을 방지하는 안전장치이다.

사람이 위험요소가 된다 함은 빈번한 전란으로 인해 도처로 유랑하는 이방인들의 절도와 군대의 약탈을 의미한다. 이방인들은 전란이나 기아를 피해 타 지역으로 이동한 난민들로, 군인도 이 범주에 속한다. 그런데 화북지역은 평야지대로서 맹수들의 서식이 불리한 반면, 인간의 이동은 상대적으로 용이하여 중원에서 이방인의 위협은 무시할 수 없는 요소이다. 그와 반대로 한반도는 산악지대여서 맹수들의 활동이 유리한 데 비해 사람의 이동은 불편하여 인간보다 동물이 더 큰 위험요소로 부각될 수밖에 없는 지형구조이다.

사람들의 이동이 적다는 건 마을공동체에 위험이 될 만한 이방인의 유입이 적고, 구성원 거의가 친지나 지인들로 유대를 이루어 위험이 적다는 것을 의미한다. 중국의 경우 이방인에 대한 방비가 담장의 주요 기능이라 할 수 있다. 이러한 사

실은 사합원의 높은 담장이나 만리장성을 보아도 금방 이해가
간다.

한옥의 담장이 낮다는 것은 상술한 담장의 제 기능들이 약
화 또는 상실되었다는 것을 뜻한다. 담장이 낮으면 기류의 흐
름도 원활하게 조절할 수 없고, 맹수의 위협이나 사람들의 시
선도 효과적으로 차단할 수 없다. 자연의 원시적인 기류가 산
에 가로막혀 어느 정도 순화되는 천연풍토여건이 담장의 전통
적 기능을 퇴화시키는 데 일조했다.

민가는 어떤 특정한 건축가의 개성이 중요시된 건축으로서의
주택이 아니라 지역마다 그 지역의 풍토에 조화되는 풍토건축으
로 이는 토속적인 것이다.[9]

한국 민가에서는 굴곡이 심한 산세와 계곡이 이미 천연 담
벼락 역할을 대행했다.

평야지대에 있어 환경적으로 개방되어 있기 때문에 주택을 폐
쇄적으로 구축하는 반면, 우리는 산야가 이미 영역 감을 주므로
집을 훨씬 느슨하게 배치할 수 있다는 것이다. 비단 김홍식뿐만
아니고 여타의 학자들이 이와 유사한 의견을 제시했다. 즉 평야
가 많은 중국에서는 자연지형을 방어의 수단으로 활용할 수 없었

---

9 『한국의 전통민가』, 주남철, 아르케, 2000년 2월 10일, p.19.

기에 마을이나 각 주택이 방어적인 보호 장치를 할 필요성이 있었지만, 우리는 지형의 변화로 인해 능선으로 이루어진 방어의 길목이 많아 마을이 주택에 비교적 개방적인 공간구성을 적용할 수 있었다는 것이다. 따라서 우리 주택에서 담장은 방어적인 목적에서라기보다는 외부공간의 구획을 위한 수단, 시각적 보호, 경계의 표시, 가축의 관리 등을 위한 것이었다. 따라서 주택의 담장은 낮은 주택 내의 각 건물은 개방된 마당을 통해 유연하게 연결되도록 했다는 것이다.[10]

산악과 계곡이 방어수단으로 대용된다는 것은 그것이 이방인들의 침투와 간섭에 방해가 됨을 의미한다. 그럴 경우 마을은 친지, 지인들로만 구성된 혈연공동체 공간일 수밖에 없다. 지형의 산악화로 인하여 교통이 발달하지 못한 원인이 이동반경을 마을 주위로 축소시킨 것이다. 음성적 지형을 통한 위험요소의 배제로 방어적인 효과를 획득함으로써 닫힌 공간을 낮은 담장으로 개방하려는 의도가 한옥담장에서 엿보인다.

한옥담장의 이러한 기능 퇴화는 지정학적 또는 지형적 환경에 의해 결정된 것만은 아니다. 결정적 원인은 주거 내에서의 생활방식이다. 입식생활일 경우 한옥담장은 거의 담장으로서의 기능을 상실했다고 할 수 있지만 좌식생활일 경우 일정 효과를 발휘할 수 있다. 이러한 점을 감안할 때 한옥담장이 낮은

---

10 『깊게 본 중국의 주택』, 손세관, 열화당미술책방, 2001년 9월 10일, p.244~245.

원인을 좌식생활의 결과라고 단언할 수 있을 것이다.

"자연을 마당에 끌어들인다"라는 말에서 '한국인의 지혜'라는 허울 좋은 '자연친화론'의 포장을 해체하면, 물리적 이동을 통해서만 접할 수 있는 담장 밖의 세계를 실내에 앉아서 시각으로 만나려는, 숨겨진 안일함이 금시 드러난다. 시각영역화는 본질적으로 걷는 행위에 대한 거부와 포기를 의미하며 궁극적으로는 게으름, 편안함의 추구로 이어진다. 외계와의 시각적 소통은 운동정지와 기타 감각들의 휴면상태를 유발한다. 앉은 상태를 지속하려는 욕구는 고정된 장소에 자신을 묶어두는 최악의 결과를 초래한다.

한편 내부시선개방은 필연적으로 외부시선개방도 동반하게 되는데, 이는 담장의 차단으로 인해 생긴 사생활공간의 은밀함을 스스로 타인에게 노출시키는 꼴이 되고 만다. 이리하여 지형적 방어로 개방된 외부세계는 타자의 시선개입으로 사생활공간 침해라는 새로운 위험공간으로 환원된다. 심할 경우에는 스스로의 시선은 폐쇄하고 일방적으로 자신의 일상을 타자에게 공개하는 기현상도 나타나게 된다.

개인의 사생활은 외계와의 단절과 차단으로 보장된다. 모든 창조는 타자의 개입과 시선이 배제된 진공 상태에서 자신과의 만남을 통해 이루어진다고 할 때 사생활공간의 의미는 결코 간과할 수 없다. 한국인은 개방된 주거공간에서 타자와의 만남을 지속하고, 타인의 개입과 시선 속에서 진정한 자아를 상실하고 말았다. 타인의 시선에 노출된다는 것은 타인을 의식하고, 타인의 요구에 부합되어 타인의 구미에 맞게 만들어지고 길들여진, 나 아닌 나가 된다는 것을 의미할 뿐 나는 진정한 자아로 태어날 수 없다. 한국인의 삶은 개방된 주거공간으로 인해 타자의 소지품, 공동체의 부분품으로 그 생존 의미가 축소되고 말았다. 창조는 고갈되고, 자신의 욕구와 의지가 결여된, 내 삶이 아닌 다른 사람에게 보여주기 위한 삶을 살아야만 했다. 담장의 폐쇄기능은 타인의 시선과 감시의 폭력으로부터의 탈피를 가능하게 한다. 남에게 보여주기 위한 삶을 사는 내가 아닌, 타인의 의지에 의해 제작되고 변질된 내가 아닌, 타인을 의식하지 않고 개성을 가진 인격체를 수립하기 위해서는 무엇보다 먼저 폐쇄에 의한 사생활공간이 필요하다. 열린 공간에서 나의 모든 욕구와 의지는 타자에 의해 이기적이고 비도덕적이라는 누명을 쓰고 봉인되어 연금된다.

중국의 사합원은 높은 담장으로 황토고원의 거센 모래바람을 막을 뿐만 아니라 외부와의 완벽한 폐쇄를 통해 타인의 시선에서 내부를 철저히 은폐한다. 격리된 외부세계를 건물 영역 안으로 끌어들여 정원을 만드는 것으로 자연과 소통한다. 자연과의 만남과 사생활공간의 확보가 동시에 이루어짐을 볼 수 있다.

낮은 담장이 한국인의 좌식생활에서 기인한 것이고 그로 인해 위축된 활동영역을 시선으로 확보했다는 사실은 시각의 예술인 미술을 통해서도 쉽게 짐작할 수 있다.

안휘준은 한국화의 특징에 대해 아래와 같이 말한다.

답답하고 번거로운 것을 피하고 확 트이고 시원한 공간과 여유
를 추구…… 큰 것을 추구하고 작은 것을 되도록 생략하는 대의성
또는 대범성大汎性을 띠고 있기도 하여 그것은 천진성 등 복합적
인 개념으로 말할 수 있다.[11]

그 '답답함'은 뜨거운 온돌과 낮은 천장이며 그 '번거로움'
은 체력소모를 수반해야만 하는 보행을 의미한다. '확 트이고
시원한 공간과 여유'는 시야를 작동해 확보한 외부세계일 것
이다. '대의성 또는 대범성'은 시선과 피관물被觀物과의 거리
감에서 유발된 모호함의 표현이다. 중국화의 치밀함과 빈틈
없는 완벽성이, 물리적인 이동(보행)으로 오감을 통한 자연과
의 직접적인 만남(사합원에서의 입식생활은 직접 걸어 나가 자연
과 오감을 통해 만나고 교감하고 대화를 나눔으로써 치밀한 완벽성
이 보장된다)의 예술적 결과라면, 한국화의 대체大體성과 추상
성은 시선만으로(시각 외의 감각 생략으로 원거리에서 파악한 어
렴풋한 이미지) 만난 피관물에 대한 예술적 처리라고 할 수 있
을 것이다.
　중국화가 철학, 논리, 이성주의를 추구하는 반면 한국화는
감성적이다. 감각과 피사물의 관찰거리가 가까울수록 이미지
는 구체적, 이성적, 철학적, 과학적이다. 반면 감성적인 것은
동시에 문학적이며 종교적이다. 한국화는 시각 외의 4감이 생

---

11 인터넷사이트자료.

　　　　　　　　　　　한국 전통문화의 허울을 벗기다–한·중 문화 심층 해부

락됨으로 인해 구멍 난 시각의 한계를 마음의 눈으로 극복하려는 의도에서 추상적인 경향을 강하게 띠게 되었다.

한국화의 또 다른 특징은 선과 여백을 중시한다는 것이다. 여백은 원거리에서 포착된 시각적 대상물의 모호함을 표현한 것이라 할 수 있다. 그림의 하단부와 상단부의 여백은 각각 아래로는 담장에 막힌 부분과 백토를 깐 마당, 위로는 텅 빈 하늘이 이미지화된 결과이다. 선은 모호한 이미지를 포착하는 대체적인 윤곽이다. 농담과 평면적인 느낌은 고정된 장소에서 바라본, 입체성이 배제된 사물의 표현일 것이다. 온돌에 앉아서 자연을 바라보는 시선의 방향은 ↗ 형태로서, 피관물은 공중에 부양하고 담장에 시선이 단절된 하단부는 잘리고 여백으로 처리된다. 감필법은 원거리로 인해 모호해진 피관물을 생략하는 기법이다.

이 밖에도 한국화의 특징인 원근법 무시, 다多시점, 상호비례관계 무시도 이런 관점에서 해석이 가능하지만 본서에서는 이에 대한 논의를 자제한다.

한옥담장이 낮은 원인은 좌식생활뿐만 아니라 온돌과도 관련이 있다. 온돌은 항상 뜨거운 상태를 유지하고 있다. 여름에는 더 덥다. 방 안의 가열된 기체를 유동시킬 필요성이 생길 수밖에 없다. 계선 또는 경계에 의한 안전감은 산악이 이미 방어 역할을 분담하고 있으므로 담장은 별 부담 없이 자신의 방어기능을 포기하고 통풍을 위해 낮아진 것이다.

한국인은 원래 유목민족이어서 이동이 잦았기에 담장이 필요 없었다. 담장은 농경정착 후 생긴 것이다.[12]

더 정확히 말하면 고려시대 초기 또는 중기에 온돌이 보편화되고 좌식생활이 시작되면서 담장이 생겼을 것이다.

한옥담장이 온돌에 의해 가열된 실내 공기를 통풍을 통해 발산시키는 구조물이라는 주장은 유달리 많은 한옥의 창들에서도 입증된다.

한옥은 정면의 거의 전부가 벽체 대신 창호로 구성되었다. 벽체 구성은 측면과 배면이다. 호로서만 사용되는 것으로는 판장문, 골판문, 맹장문, 도듬문, 불발기이고, 창으로만 사용되는 것은 살창, 교창이며, 창과 호로 혼용되는 것은 띠살창, 띠살문, 용자창, 아자창, 만자창, 정자창, 수대살창, 빗살창, 소슬빗살창, 귀자창, 귀갑창, 꽃살창이다. 하나의 창호 속에 여러 종류의 창호가 복합적으로 나타나는 것도 있다.[13]

그야말로 창호의 천지이다. 물으나마나 많은 창호와 낮은 담장이 보온보다는 환기를 목적으로 함을 알 수 있다. 담장이 높을 경우 창호가 많아도 신선한 공기가 유입되기 어려워진

---

12 인터넷사이트자료.
13 인터넷사이트자료.

다.

한옥구조가 온돌로 인한 통풍 환기가 위주라면 사합원의 구조는 반대로 방풍, 보온이 위주이다. 평야지대에서는 지형적 경계가 모호하다. 인간은 경계에 의해서만 안정감을 느끼는 동물이다. 높은 담장은 경계를 표시할 뿐만 아니라 황사가 심한 황하 주변의 바람을 막는 역할도 겸한다. 학자들은 사합원의 담장이 높은 원인을 북방 호족의 침입, 내전 빈발, 들끓는 도적떼, 교통의 발달로 인한 타 지역 인구이동의 편리, 전쟁으로 인한 이방인들의 증가, 정착농경 등으로 열거하지만 이는 타당성이 부족하다고 생각한다. 외침과 내란이 높은 담장의 원인이 된다면 무려 900여 차례에 걸쳐 외침을 당한 한국의 담장도 당연히 높아야 할 터인데 아이러니하게도 그와 정반대이다. 이동의 편리로 급증한 이방인들에 의한 위험과 도적떼의 방비와 함께 방풍防風이 높은 담장의 결정적 요인이 되었을 것이다.

담장 이야기가 나온 김에 마당에 대해서도 한마디 하지 않을 수 없다. 담장의 형태는 마당의 폐쇄성과 개방성을 결정하는 요인이 된다.

중국의 합원식 주택에서는 우선 '마당의 형태가 사변형을 취하면서 대칭'을 이루고 '주택과 마당의 관계가 매우 긴밀하여 마치 하나의 공간'처럼 형성되었다. 양국의 주택은 공간의 중심에 마당을 두는 방식에 있어서는 일치하지만 중국이 우리나라에 비해

서 마당과 건물이 더욱 일체화하는 동시에 마당은 폐쇄적으로 구성된다.[14]

또 하나의 특징은 한옥의 정원은 개방된 공간에 주로 과수를 식재한다는 것이다.

우리나라 살림집에서는 예전부터 안마당이나 앞마당에 나무나 꽃을 심어 정원을 꾸미지 않는 것이 보통이었다.[15]

소주 중국 전통 사가(私家) 원림
기암괴석, 기화요초와 연못으로 조성된 중국전통원림은 정서적 감상을 목적으로 한다.

---

14 『깊게 본 중국의 주택』, 손세관, 열화당미술책방, 2001년 9월 10일, p.244.

15 『한국의 살림집』, 申榮勳, 悅話堂, 1983년 8월 5일, p.372.

한국 전통문화의 허울을 벗기다-한·중 문화 심층 해부

집 안에는 감나무를 많이 심는데 주로 뒤꼍에 배치시켰으며 대추나무는 앞마당에 많이 심었다. 집 안에는 과실수를 많이 심었는데 배, 복숭아, 살구, 호두, 자두, 앵두나무 등이 있다.[16]

한국의 정원에는 주로 과수나무를 식재하는 반면 사합원 정원에는 주로 관상수나 꽃들을 재배한다. 이는 중국인들의 관심사가 정서적 감상이고, 한국인들의 최대 관심사는 먹는 것이었음을 알 수 있다. 과수는 식욕을 자극하고 그 과실은 위장과 호응한다. 관상수의 아름다움은 심리를 자극하고 정서와 교감한다. 관상수의 이미지는 미적 감각을 자극하여 아름다움으로 인식되는 반면, 과수의 색깔이나 향기는 미적 감각보다는 과일의 성숙 정도를 확인하는 단순한 기호작용을 할 따름이다. 적어도 굶주린 사람에게는 그럴 것이다.

---

16 『韓國의 民家』, 金鴻植, 한길사, 1992년, p:799.

3. 마루의 문화적 고찰

마루가 주택시설로 도입된 것이 언제부터이며 마루와 온돌 중 어느 쪽이 먼저 기원했는가에 대해서는 학계의 논의가 분분하다.

마루가 무슨 이유로 언제쯤 어디서 발생했는가 하는 것은 구들보다 더 알기 어렵다. … 다만 그것이 여름을 위한 시설물이라는 이유로 막연하게 남쪽에서 전래한 것이 아닌가 하는 학설이 있을 뿐이다.

신발을 벗고 마루 위에 올라앉는 생활은 거의 2,000년 이상이 넘는 오랜 풍속이었으며 그 이유는 아마도 우리 민족이 청결을 좋아한 데 연유한다고 생각된다.[17]

죄다 근거 없는 억측에 불과하다. 먼저 '여름을 나기 위한 시설물'이고, 청결과 관련 있다는 주장은 마루의 용도를 단적으로 암시한다. 정리해보면 마루의 용도는 감열, 방습, 청결이다. 그런데 감열기능만 볼 경우 고구려, 즉 북한과 중국동북지역은 마루를 깔 정도로 기온이 높거나 습도가 높은 곳이 아니다. 더구나 고대의 한반도나 중국 동북지역의 기온은 지금보

---

17 『韓國의 民家』, 金鴻植, 한길사, 1992년, p.539.

한국 전통문화의 허울을 벗기다-한·중 문화 심층 해부

다 낮았을 가능성이 많다. 인구밀도도 낮고 지금처럼 근대화
의 추진으로 생겨난 콘크리트 구조물이나 자동차 배기가스도
없는데다 삼림피복률도 높아 기온차가 컸을 것으로 추정된다.

삼국三國 모두는 고구려의 마선구馬線溝 고분벽화나 기타의 고
분벽화에 그려진 고상高床구조와 작은 창고인 부경桴京이나 『삼
국유사』의 탑상4의 「판방板房」 등으로 미루어보면 무더운 여름을
나기 위하여 마루를 깔고 생활하였던 것을 알 수 있다.[18]

구들의 깔개로서 온돌 유지가 보편화되기 이전까지는 대체로
마루를 선호했던 것으로 보인다.[19]

고구려지역보다 더 더운 중원지역에서도 마루는 발달하지
않았으며, 당송시대에 호상胡床이 보편화되기 전까지는 바닥
에 방석을 깔고 생활한 것을 보면 상술한 주장들에 근거가 없
음을 알 수 있다. 한반도 남쪽지역도 화북지역과 위도가 비슷
하고 기온도 현격하게 차이 나지 않는다. 무덥고 습한 남방과
는 달리 건조하고 선선한 화북지역에서는 바닥에 부들방석 같
은 깔개를 까는 것으로도 방한, 방습의 효과를 충분히 얻을 수
있었다.

---

18 『한국의 목조건축』, 주남철, 서울대학교출판부, 1999년 9월 30일, p.44.
19 『韓國의 民家』, 金鴻植, 한길사, p.540.

주택시설은 해당 지역의 자연환경의 특성에 의해 그 형태가 결정된다. 추운 곳의 주택은 방한시설이 발달하고 더운 곳의 주택은 방열시설이 발달한다. 중원의 화북지역은 바람이 심하므로 방풍시설이 상대적으로 발달했다. 높은 담장과 영벽의 특설, 작은 규모의 창호가 그 사실을 입증한다. 덥고 다습한 장강이남지역은 다락과 마루 구조가 발달했다.

그런데 한옥의 경우 이런 보편적 원리로는 해석할 수 없는 특이한 구조를 보이고 있다. 그것은 바로 마루와 창호 그리고 낮은 담장이다. 온돌의 발달은 추운 지방에서의 방한원리로 해석이 가능하나 중원에 비해 별로 기온이 높지도 않은 고구려 등 삼국에서 온돌과 함께 마루가 발달하였다는 것은 기이한 현상이라 하지 않을 수 없다. 마루와 다多창호는 모두 방한과는 관련이 없고 방열과 관련이 있는 건축시설물이기 때문이다. 한옥의 이와 같은 구조가 불합리함을 깨달은 일부 학자들은 마루의 유행을 근대와 훨씬 가까운 시기로 잡는다.

(마루가) 널리 유행하던 시기를 대략 16세기 말엽과 17세기 초엽으로 추정하고 있다. 대략 이 시기에 한차례 마루를 깔던 일이 전국적으로 유행했던 것 같다. 이 무렵 살림집들도 그런 유행에 영향을 받았다면, 마루는 이 기간에 광범위하게 보급되었을 것으로 생각할 수 있다.[20]

20 『한국의 살림집』, 申榮勳, 悅話堂, 1983년 8월 5일, p.117.

한국 전통문화의 허울을 벗기다—한·중 문화 심층 해부

그러나 이 주장 역시 마루가 왜 지정학적으로 중원보다 추운 지방에 위치한 한반도에서 발달했는지에 대해 명쾌한 해답을 주지 못하고 있다. 사합원은 높은 담장을 쌓고 주택 배면에 별도의 창호를 추가 설치하지 않음으로써 방풍작용과 보온작용을 동시에 수행하지만, 한옥은 방한, 방풍, 보온 등 추운 지방에서 주택이 구비해야 할 모든 기능들을 배제하고 있다. 덥지도 다습하지도 않은 지역에서 방습과 방열작용의 구조물은 아무 쓸모도 없다. 사실 방습작용은 마루가 아니더라도 온돌쪽이 훨씬 더 효과가 좋다.

한옥의 주택시설에서 추운 한반도의 기후와 어울리지도 않는 다설多設창호와 낮은 담장과 같은 방열시설물들이 무슨 원인으로 이다지도 발달했을까? 그 원인은 바로 온돌이라는 이 특이한 구조물의 발달에 기인한다.

온돌이 한옥구조에 미친 영향에 대해서는 다음 절에서 고찰하기로 하고, 여기서는 한옥 마루 발달의 이유에 대해 좀 더 살펴보기로 한다.

마루의 발달은 한마디로 한국인의 좌식생활과 관련이 깊다. 마루가 '청결'을 좋아하는 한국인의 습성의 결과물이라고 주장하는 이도 있지만 마루가 아니더라도 온돌은 충분히 청결을 유지할 수 있는 실내 구조물이다. 마루는 청결보다는 좌식생활에 대한 집착이 낳은 결과물이다. 그 집착이 흙으로 된 바닥 공간 확대로까지 이어진 것이다. 마루는 원래 흙으로 된 봉당이고 흙바닥이다. 중국 건축에서는 이 흙바닥에 전돌(벽돌)

을 깔고 입식생활공간으로 발전시켰지만 한옥에서는 마루를 설치함으로써 좌식생활공간을 온돌에서 봉당까지 확장시켰던 것이다. 한 방에서 다른 방으로 이동하자면 일어나서 신을 신고 바닥을 걸어서 지나가야만 한다. 마루는 바로 이 이동의 불편과 시끄러움을 덜기 위한 방편으로 등장한 것이다.

한 방에 들어갔다가 구획된 옆 칸으로 들어가려면 문을 나가서 죽담을 내려섰다가 다시 다음 칸의 문을 들어서야만 한다. 이런 식으로 나날을 생활한다고 하면 그 생활은 불편하기 그지없을 것이다. 더구나 방문이 지표로부터 떨어진 높이에 설치되어 있다면 불편하기란 더할 것이다. 방문 앞에 디딤돌을 놓아 높낮이를 맞추어본다. 그러나 아랫방과 윗방을 드나들려면 이 디딤돌만으로는 만족스럽지 못하다. 이와 같은 불편함을 해결하기 위하여 무언가 새로운 지혜를 짜내야만 했다. 이동할 수 있도록 제작된 뜰마루를 양쪽 방문에 덧붙여 이용해보려는 방법이 강구되었다. … 이동식으로 덧붙여진 뜰마루는 집의 한 부분으로서의 고정성이 없고 또 그것은 집의 기본적인 구조와는 별개의 것이다. 뜰마루의 기능을 확고하게 인정하게 되었을 때 가설식假設式인 뜰마루 대신 확실하고 고정된 상태의 것을 필요로 하게 된다. 따라서 고정식 마루가 등장한다.[21]

---

21 『한국의 살림집』, 申榮勳, 悅話堂, 1983년 8월 5일, p.99.

**한옥 마루(위)와
사합원의 봉당 바닥**
한옥에서 온돌과 마
루로 변화된 공간은
사합원에서는 바닥에
전돌을 깔아 봉당으
로 개조함으로써 입
식생활의 조건을 마
련하고 있다. 온돌
마루와 봉당의 변별
적 주거 구조는 한국
인과 중국인의 생체
발육과 지능발달은
물론, 의식, 생활문
화의 제 영역에 걸쳐
지대한 영향을 미쳤
다.

　이것이 바로 마루 발달의 원인이다. 이러한 불편은 온돌에
서 신발을 벗고 생활하는 데서 생긴 것이라고 할 수 있다. 입
식생활을 하는 중국인들에게는 밤에 취침할 때를 제외하면 신
을 벗었다가 신거나 않았다가 일어서야 하는 불편이 없다.

　봉당에 마루를 설치함으로써 바닥에 내려서 보행하지 않
는 좌식생활공간으로 개조할 수 있었던 것이다. 사합원의 바
닥이 벽돌로 포장되고 보행공간으로 개조된 것과는 대조적이
다. 사합원의 바닥은 벽을 튼 한옥의 외부에 개방된 마루와는
달리 벽에 의해 외부와 철저하게 차단된 실내구조로 공간화

되었다. 하지만 바닥의 폐쇄성은 동일한 보행영역이라는 의미에서 실외공간인 마당과 연장선상에 놓이게 되는 특수구조를 이루게 된다. 마루가 같은 좌식생활영역이라는 의미에서 온돌의 연장선상에 놓이게 되는 것과 같은 경우라고 할 수 있을 것이다. 실내이면서도 마당과 이어지는 이중구조는 실내를 구획하는 벽체의 분리로 타자로부터 사생활공간을 확보할 수 있도록 하는 동시에 가족성원 간에는 열린 공간이라는 복합적 기능을 수행하는 장소적 의미를 띠고 있다. 타인의 시선은 벽에 의해 차단되지만, 보행을 통해 마당과 연결된 수평적인 동일한 장소라는 점에서는 열린 공간이기도 하다.

사합원은 담장, 영벽, 바닥의 실내화 등 겹겹의 장치를 설치함으로써 사생활공간을 확실하게 구축하는 한편, 보행을 통한 이동공간은 마당에까지 활짝 개방하고 있다는 점이 특이하다. 반면 마루가 깔린 한옥의 지표면은 실내 구조물에 포섭되면서도 낮은 담장과 트인 벽체로 인해 타인의 시선에 자신을 완전히 노출시키는 전면개방공간으로 변경되었다. 마루는 실외공간이면서도 실내의 연장이고, 실내공간이면서도 실외다. 마루의 특징은 타자에게 자신을 완전히 노출시킨다는 점이다. 그래서 사생활영역은 마루의 영역만큼 축소될 수밖에 없다.

사합원의 대청지표면과 한옥의 마루가 가족성원들에게 열린 공간이라는 점에서는 일치하지만, 사합원의 경우 실내는 타인에게 비밀공간이 되나 한옥의 경우는 노출공간이 된다는 점에서 차이가 있다.

또 사합원의 경우 실내바닥공간으로 외부의 사기邪氣(걸러지지 않은 기)가 그대로 직입하는 것이 아니라 담장과 영벽, 마당에서 우회하거나 멈춤으로써 야생광기가 죽은, 순한 기가 흘러들어오는 반면, 한옥의 마루는 외부의 거친 기운이 그대로 직행한다. 자연 그대로의 직풍直風(기)은 사람의 건강에도 해롭다. 주택의 주요 기능이 자연으로부터 엄습하는 모든 사기邪氣를 차단하는 것이라고 할 때 한옥의 구조는 문제가 있다고 해야 할 것이다.

사합원의 대청 안에서는 1년 내내 온도조절이 가능하지만 한옥의 마루는 추운 계절에 아무 쓸모도 없이 버려지는 공간이다. 여름에도 외부기온의 변화에 수동적으로 반응할 뿐만 아니라 먼지까지 날아들어 마루에 수북이 쌓이며 호흡기 위생에 나쁜 영향을 끼친다. 한옥의 마루가 유달리 청결을 좋아하는 한민족의 습속때문이라고 하는 일부 학자들의 주장이 근거 없음을 입증하는 현상이 아닐 수 없다. 외부에서 유입된 먼지와 오물을 제거하려면 끊임없이 마루를 닦아야 한다. 온돌을 닦을 때처럼 무릎을 꿇고 마루를 닦는 자세는 무릎에 과중한 부담을 주어 관절질환에 걸릴 확률을 높인다. 이는 바닥의 먼지를 서서 빗자루로 쓸어내는 사합원의 청소방법보다 건강면에서 불리하다. 그래서 중국에는 빗자루가 발달하고 한국에서는 걸레가 발달한 것이다.

주택의 홀시할 수 없는 또 다른 기능은 휴식공간으로서의 기능이다. 그런데 휴식은 반드시 외부로부터의 위험침투요소가 배제된 상태에서의 안전을 전제로 한다. "밖의 세상이 아무리 좋아도 내 집에 와야 편안하다"는 말은 이 점을 잘 대변해주고 있다. 원시 주거의 방어 대상은 짐승이나 눈, 비, 바람과 같은 자연현상이었지만 사회가 발전하고 마을과 공동체가 확장됨에 따라 자연적인 위험 범위가 축소되고, 전란, 약탈, 도둑 등 인간적인 위험요소가 증대되었다.

일상에서 개인의 휴식을 위협하는 요소는 타인의 개입과 시선이다. 사회나 공동체는 타자들로 구성되는데 이들의 시선은 항상 개인의 자유나 의지를 감독, 규제한다. 그 시선은 사회가치 척도로 사람의 표정, 자세, 의상, 언행 등을 규제하기 때문에 불안감을 조성할 수밖에 없다. 이른바 도덕이라는 채찍을 든 타자의 시선은 개인의 자유를 억압하기에 최대의 기피대상이다. 이러한 억압과 압력으로부터 탈피할 수 있는 공간이 바로 주거공간이다. 남에게 보여주기 위한, 타자에게 길들여진 내가 아닌, 모든 규제를 벗어던지고 진정한 자아로 환원될 때에만 안전한 휴식을 취할 수 있다.

사합원은 구조적으로 폐쇄적인 공간을 가진 덕분에 타자의 개입을 철저히 배제한 자유의 공간에서 휴식할 수 있게 한다. 그러나 한옥의 마루는 (특히 여름철에는 많은 시간을 마루에서 생활함을 감안할 때) 개방공간이므로 여전히 타자의 시선에서 자유롭지 못하다. 타자의 시선에 신경이 쓰이고 표정, 자세, 언행에 주의해야 하므로 편안한 휴식을 취할 수 없다. 몸은 편안히 앉아 휴식을 취하는데 정신은 항상 긴장을 풀 수 없는 것이다. 휴식은 충전이다. 사합원의 구조는 육체적인 휴식과 정신적인 안정을 모두 취할 수 있는 장점이 있다. 정신적인 휴식은 타자의 시선의 통제에서 벗어나 순수한 자아를 만나는 장소와 기회를 제공한다. 자신을 만나는 순간, 자신과 교감하는 순간 창조는 시작된다. 창의력의 발휘는 어디까지나 자신과의 독대이고, 자신의 내면에 숨겨져 있는 무궁무진한 가능성을 발굴하는 작업이라 할 때 심신 양면의 휴식을 취할 수 있는 공간을 획득한다는 사실이 얼마나 중요한가를 가늠할 수 있을 것이다. 한옥은 이 기회를 스스로 포기했다.

4. 출입과 소통의 통로—창호

한옥 창호의 특징은 개수가 과다할 정도로 많고 규모가 크며 출입문과 창의 구분이 불분명하다는 것이다.

창과 호(출입문)의 건축학적 기능은 확연한 차이가 있다. 출입문은 폐쇄된 건물 내부와 밖을 물리적으로 연결하는 구조물이다. 그 주요 기능은 출입 행위가 끝나면 문을 닫음으로써 잠깐의 개방으로 외부의 위험에 노출되었던 내부공간을 안전하게 보호하는, 움직이는 벽이다. 사람이 출입하는 시간 외에는 거의 사용하지 않아 실제로는 폐쇄 역할을 하는 벽의 일부 기능을 대신한다. 그러므로 출입문은 엄밀한 의미에서는 닫기 위한 장치라고 할 수 있다.

반면 창문의 용도는 개방이다. 주택에서 창을 닫아야 할 시간이 열어야 할 시간보다 상대적으로 많을 경우에는 아예 창을 덜 내거나 소형으로 제작하며, 열어야 할 시간이 많을 경우에는 창을 많이 설치하거나 크기를 대형으로 제작한다. 중국 남방(절강성, 안휘성 등)에서는 온화한 기후와 높은 습도로 큰 창문을 달아 채광, 통풍, 시각 확보를 도모한다. 반면 추운 북방에서는 채광과 보온이 우선이므로 창문 개수가 적고 크기도 소형이다.

(사합원은) 길이 면하는 건물의 경우는 밖으로 창이 나기도 했으나 보통 창의 크기가 매우 작고 벽체의 꼭대기에 부착되어 있으므로 밖으로부터 시선의 방해를 전혀 받지 않았다.[22]

창은 개방을 통해 벽체에 의해 외부와 단절된 실내에 환기, 채광, 시선의 소통을 도모하려는 목적에서 고안된 것이다. 창을 닫는 이유는 방한과 보온 그리고 안전의 필요성이 제기될 때뿐이다. 창은 벽의 폐쇄성에 의해 고립되고 경직된 건물 내부공간을 외부로 확대하거나 배제된 외부를 실내로 유인하기 위한 장치이다. 온돌에 의한 추가 열기와 좌식생활로 인한 외부공간에 대한 시각 확보의 수요로 한옥의 창문은 열려 있는 때가 더 많다.

창은 두 가지 기능이 있다. 공간 또는 시선의 확대가 그 첫 번째 기능인데 창을 개방함으로써 실현된다. 밖의 신선한 공기를 끌어들이고 밝은 햇빛을 받아들이고 나쁜 공기를 배출시킬 수 있을 뿐만 아니라 건물에 억압되었던 시선을 풀어 밖의 경관을 감상할 수 있다. 그러나 이러한 소통은 반드시 외부로부터 침입할 수 있는 위험을 감수하지 않으면 안 되는 단점도 동반한다. 밖에서 거칠어지고 오염된 냉풍, 열풍 혹은 먼지 등이 창을 통해 실내로 날아들 뿐만 아니라 사생활을 침해하는 타인의 시선도 개입된다. 이 단점은 창을 닫음으로써 해결된

---

22 『깊게 본 중국의 주택』, 손세관, 미술책방, 2001년 9월 10일, p.46.

다.

창문의 두 번째 기능은 외계와의 단절과 폐쇄이다. 창을 닫는 순간 곧바로 벽의 기능을 대행하게 된다. 폐쇄기능은 본질적으로 방어기능이다. 비, 바람, 눈, 추위, 불안으로부터 방 안을 안전지대로 완충시킨다. 그러나 단점은 자연과의 단절과 격리, 이탈, 내외소통의 중단으로 인한 고립과 위축이다. 이러한 단점은 창을 여는 순간 해결이 가능하다.

창을 처마 위로 들어올려 걸어 놓을 경우 한옥의 벽은 완전히 철거되는 것이나 다름없다. 벽은 건축에서 유일하게 사생활공간을 구성하는 장치이다. 한국인에게 시선 확보와 소통은 사생활공간 확보보다 더 긴요했음을 알게 하는 구조물이다. 이러한 욕구는 본질적으로 좌식을 지속한 채 외계와의 소통을 유지하려는 의지로부터 유발된 심리 상태의 결과이다.

주택구조에서 실외와 실내의 소통방법은 여러 가지가 있다.

(1) 직접소통(역학적 소통)

출입문을 거쳐, 신체의 이동을 통한 외부와의 직접적인 접촉이다. 실내가 입식생활공간으로 구성된 사합원에서는 걸어서 밖으로 이동함으로써 외계와 면접한다. 이는 가장 원시적이고 고전적인 소통방법이면서도 걷는 행위를 수반한 이동이

한국 전통문화의 허울을 벗기다-한·중 문화 심층 해부

라는 점에서 건강에 매우 이롭다. 특히 이러한 내외공간 소통
구조는 출입문만 있어도 가능하므로 필요 이상의 창을 가설할
필요도 없다. 외부의 위험이 침입할 수 있는 통로를 될수록 줄
이는 면에서도 바람직하다.

　사합원과는 달리 한옥에서는 이 기본적인 소통구조가 뜻하
지 않은 창의 발달로 인해 퇴화되었다는 사실에 유의할 필요
가 있다. 출입문의 퇴화는 곧 걷기 행위의 퇴화를 의미하기도
하기 때문이다. 또 한편으로 이 역학적 소통방법은 출입문의
벽체대행기능을 상용함으로써 사생활공간과 개방공간을 확
실하게 구분 짓는 역할을 수행한다. 연다는 것은 내부비밀이
공개된다는 의미를 내포하기 때문이다. 앞에서도 언급했듯이

한옥창문. 청원산방.
〈한겨레〉「구본준의
거리가구이야기」. 심
용식 씨가 지은 한옥
한옥건축에서 창호
가 유달리 발달한 원
인은 온돌좌식생활로
인해 단절된 실내와
외부 세계와의 연결
을 창호를 통해 복원
하고, 온돌에서 가열
된 공기를 환기시키
려는 목적에서 기인
한 것이다. 여기에는
한국인의 좌식생활에
대한 뿌리 깊은 미련
이 작용하고 있다.

문의 주요 기능은 닫는 것이고, 창의 주요 기능은 여는 것이라고 할 때 이와 같은 주장은 더욱 설득력을 갖게 된다.

다음으로 상술한 소통방식은 신체와 자연을 밀착시킨다는 점, 이 두 공간을 이어주는 매개체는 몸이라는 점이 중요하다. 한옥에서의 실외와의 소통방식은 간접소통이다. 그것은 신체의 이동이 아닌 부분 감각(시선)의 작동을 통한 자연과의 만남이다. 현장감이 결여된 소통이다.

(2) 간접소통

사람은 이동하지 않은 채 외부와 소통하는 방식이다. 한옥이 이 경우에 속한다. 사람은 이동하지 않고 실내에 앉은 채 낮은 담장과 창문을 통해 밖의 광선과 공기와 자연경관을 끌어들인다. 이때 광선, 공기는 피부로 접하지만 경관은 시선으로만 간접적으로 접촉한다. 그런데 광선과 공기의 경우에도 주어진, 한정된 조건에만 만족해야 하므로 피동적일 수밖에 없다. 다시 말해 보행을 통한 자연과의 접응이라는 직접소통방식은 퇴화하고 대신 간접소통방식이 발달했음을 알 수 있다. 이리하여 행위 주체는 그 의미를 상실하고 만다.

'창문을 열고 자연을 끌어들이는 지혜'설을 주장하는 학자들의 견해는 자신을 외계에 노출시키고 타자가 나의 공간을 침투하고 자연은 나를 우롱하고(시선, 기분, 건강), 선택권을 포기한 나는 주도권을 타인에게 양도한 채 피동에 빠짐을 의미한다. 자연에 나가서 만나는 건 선택권이 나의 수중에 있어 적어도 평등관계를 유지할 수 있음을 시사한다. 꽃을 꺾고 향기를 맡고 그 속을 거닐고⋯⋯.

이는 따스한 온돌, 편안한 좌식생활에 인이 박히고 그런 상황을 유지하려는 안일한 집착 때문에 나타난 특이현상이다.

일부 학자들은 한옥건축에서 창문이 유달리 발달한 기현상에 대해 한반도의 남쪽은 기후가 온난하다는 이유를 제시하는데 금시 타당성의 결여를 드러낸다. 창문이 발달하지 않은 중원, 화북지역과 한반도 남쪽의 기온은 별반 차이가 없다. 평야지대인 화북지방이 산이 많은 한반도에 비해 풍력이 심해 담장이 높고 창문이 적다는 사실은 주지된 바이다. 결코 한반도보다 추운 지방이어서 창문이 발달하지 않은 것은 아니다.

한옥의 창문이 발달한 이유를 아래에 열거하였다.

* 한반도는 산이 많아 천연방풍작용을 한다.
* 온화한 기후에 인위적인 구들의 온도가 추가된다.
* 산골은 해가 떴다 하면 진다. 게다가 남쪽은 중국장강이남 지역보다는 심하지 않지만 반도 북쪽에 비해서는 강우량이 많아 흐린 날이 많다. 온도는 높되 한마디로 일조량이 적다는 뜻이다. 창문을 많이, 크게 제작함으로써 실내에 햇빛을 더 오래 보존하려는 건축학적인 시도이다.

이처럼 창문의 불균형적인 발달은 궁극적으로 출입문의 기능퇴화를 유발한다.

한국의 목조건축에서는 창호가 위에서 말한 것과 같이 뚜렷한 구별이 있지 않고 창과 호가 혼용되어 쓰일 때가 많기 때문에 창호로 불리게 된다. 창호와 문의 구분도 애매하여 우리나라의 창호는 그 제작자의 구분에 따라 말하는 것이 합리적이다.[23]

창호의 구별이 모호하게 된 것은 신을 신고 이동하던 고전적 출입문의 형태에서 툇마루와 마루를 깔아 신을 신지 않고도 드나들 수 있게 되어 출입과 개방의 기능 구분 또는 경계가 중화되면서부터였다.

방에는 창과 함께 출입용의 문도 설치된다. 그러나 문과 창의 구분은 엄격하지 못하다. 창이 출입문의 구실을 겸하는 경우도 있기 때문이다. … 출입과 채광 그리고 통풍이 함께 해결된다.[24]

출입문의 경우 발의 위치에 맞추어 문턱이 낮게 설치되었다. 반면 창문은 통풍, 채광, 관망이 목적이므로 시선의 높이에 맞춰 창문턱을 높이 잡기에 출입이 어려워 고전적 의미에

23 『한국민족문화대백과사전』, 한국정신문화연구원 간.
24 『한국의 살림집』, 申榮勳, 悅話堂, 1983년 8월 5일, p.399.

서 출입문과 창문의 기능은 확연히 달랐었다. 그런데 한옥 창문의 아래턱이 출입문턱의 위치와 똑같이 낮아지는 순간부터 두 시설물의 기능 구분은 사라지고 말았던 것이다.

원래 창문은 시선에 맞춰 높이 설치한다. 사합원의 경우가 이 점을 잘 입증해주고 있다. 마당이 아닌 길가를 향한 배면의 창은 벽체의 최상단에 설치하거나 아예 창을 달지 않는 경우도 있다. 창문을 높이 다는 이유는 이 구조물이 출입의 용도와는 무관하고 오로지 관망, 통풍, 채광과만 관계가 있기 때문이다. 출입문이 따로 있으므로 굳이 발을 옮겨 넘나들기에 용이하도록 턱을 낮출 필요가 없다. 관망, 채광, 통풍기능은 턱을 높이 설치해도 가능할 뿐만 아니라 외부 침해로부터 안전을 확보하는 데도 유리하다. 한편 위에서도 언급했듯이 출입문은 이동이 전제인 만큼 걸음을 옮기는 데 불편하지 않도록 최대한 턱을 지표에 가깝도록 낮출 수밖에 없다.

그러면 한옥의 창문은 이런 고전적 건축방식을 이탈하면서까지 무슨 연유로 턱이 낮아졌을까 하는 점이 문제시된다.

사합원 창문이 벽체의 높은 곳에 설치된 것은 그 안에 살고 있는 사람들의 생활방식이 입식이라는 사실과 관련이 있다. 직립했을 때나 의자에 앉았을 때의 시선에 맞춰 창의 높이가 결정된 것이다. 이와는 반대로 한국인들은 구들에 앉아서 생활하는 좌식습속을 지켜왔다. 창문의 높이도 자연히 앉은키의 시선에 맞추게 되었을 것이고, 그로 인해 창문의 턱도 낮아진 것임을 어렵지 않게 추정할 수 있다. 온돌에 앉았다는 것은 의자와는 달라 구들에 누울 확률이 높을 수도 있음을 의미한다. 실제로 우리는 집에 있을 때 많은 경우 구들에 편안히 누워서 휴식을 취한다. 창문의 턱이 와식을 취한 상태에서도 시선을 가리지 않으려면 턱을 훨씬 낮출 수밖에 없다.

창문 아래턱이 출입문 아래턱과 높이가 동일해지는 순간 두 시설물의 차이는 안개처럼 사라지고 말았다. 이젠 굳이 출입문으로 다닐 필요 없이 하단부가 낮아진 창문으로도 출입이 가능하게 되었다. 이렇듯 창문의 고전적 위치가 하강하며 창호 전부가 출입이 가능해졌지만, 아이러니한 점은 출입기능은 도리어 퇴화하고 관망이나 실내소통기능만 기형적으로 발달하였다는 사실에 주목할 필요가 있다. 설사 행위자가 창문의 관망, 소통기능을 뛰어넘어 출입에 사용했다 하더라도 출입문을 통한 장소이동으로 실현되는 외계와의 직접적 접촉이라는 건축학적 사건은 이루어지지 않는다는 점이 더 역설적이다. 창문을 경과한 출입 행위로 옮겨온 이동장소는 전통적인 입식생활권이 도달한 외계가 아니라 외곽도 실내도 아닌 애매한 공간인, 좌식생활공간의 연장선상에 위치한 툇마루나 마루여서 진정한 의미에서의 장소이동이나 출입 행위가 완수되지 못한다. 실내에서의 지속적인 좌식 행위라는 의미에서 내외이동을 수반하는 장소이동에는 실패한 거나 다름없기 때문이다.

이왕 화제가 여기까지 이르렀으니 이제부터는 한국인의 좌식생활습속과 그것이 가져다주는 문화적 악영향에 대해 심도 있는 논의를 진행하겠다.

한국 전통문화의 허울을 벗기다-한·중 문화 심층 해부

호의 출입기능은 폐쇄성에 의해 파생된 것이다. 그러므로 출입기능의 퇴화는 곧바로 폐쇄성의 약화로 직결된다. 허무의 무한한 공간에서 경계로 탄생한 건축은 그 폐쇄성이 붕괴되는 순간 안팎의 경계가 모호해질 수밖에 없다. 주택은 본질적으로 공적인 공간을 분할하여 사적 영역으로 소유화하는 구획 짓기이다. 따라서 폐쇄성의 약화는 필연적으로 소유욕의 감퇴로 이어진다. 소유욕의 감퇴는 외부의 개입과 침해로부터 스스로를 무장해제하고 무방비 상태로 전환하는 최악의 상황을 연출한다. 900여 차례의 외침 중 대부분 소극적 저항으로 당하기만 했던 한국사의 비극의 원인 중 하나가 바로 이 소유욕의 결여 내지는 부재라고 단정해도 과언이 아닐 것이다. 국가도 하나의 공간적 소유의 영역이라고 할 때는 더구나 타당성의 당위가 높아진다.

한옥의 고유성 중의 하나로 꼽히는 미닫이에 대해서도 한마디 언급하지 않을 수 없다.

미닫이는 출입문과 창문의 역할 분담과 차이의 경계가 모호해지면서 두 시설물의 기능이 절충되어 생겨난 변종이다. 미닫이의 하단부 판막이 디자인에는 출입문의 흔적이 남아 있고, 중·상단부의 문살은 창의 흔적이다. 출입기능과 관망기능이 섞인, 한옥에서만 보이는 건축 특징이다. 실내공간을 구획하는 방 미닫이는 칸을 막는 데 사용되었던 중국의 병풍에서 유래했을 거라 짐작되는데, 변화된 형태라면 이동 가능한 병풍의 개폐기능만 남기고 붙박이형으로 고정시켰다는 점뿐이다.

5. 온돌문화―한국인에게 미친 영향

온돌은 한옥구조에서 가장 한국적인 고유성을 대표하는 주거문화이다. 그런데 온돌이 한반도에 보급된 시기에 대해서는 의론만 분분할 뿐 학계에서 공인된 정설이 없다. 뿐만 아니라 보급 원인에 대해서도 연구가 전무한 상태이다.

고대 온돌유적은 주로 추운 지역인 중국 동북지방에서 많이 발견되었다. 고구려, 퉁구스선비족, 옥저족의 온돌유적들의 발굴로 입증되고 있다. 그런데 이상한 것은 고구려와 발해가 멸망한 뒤 그 유민이 한반도로 남천했다는 사록도 없는데, 온돌이 보급된 지역은 고구려, 발해의 고토보다 상대적으로 기후가 온화한 한반도라는 사실이다. 설령 고구려와 발해 유민이 대거 남천했다 하더라도 온돌의 전래는 한반도의 온화한 기후로 인해 이뤄지지 않았을 것이다. 현재 동북지역에서 살고 있는 만주족의 온돌(炕)도 바닥이 온돌 면적보다 더 많은

회암사 온돌유적
동녕현대두천진단결촌(東宁縣大肚川鎭團結村)에서도 옥저족의 온돌유적이 발굴되었다.

공간을 차지한 형태일 뿐 한옥 온돌처럼 구들 전체를 차지하지는 않는다.

온돌이 한반도에 보급된 시기에 대한 기록이 없으므로 학계의 부동한 여러 가지 가설부터 잠깐 둘러보도록 하자.

방 안 바닥 전체에 구들 고래를 놓고 아궁이와 굴뚝을 방 밖에 둔 온돌로 바뀌게 된 것은 고려 중엽인 13세기 이전이다.[25]

부분적으로 구들을 놓는 구들 시설로부터 전면적인 구들로 발전해 간 것은 아마 고려 중엽쯤인 12~13세기경이 아닌가 여겨진다.[26]

근대와 같이 온돌이 보편화된 것은 조선 후기 농사법의 개량으로 생산력이 급격하게 상승하던 시기인 16~17세기 이후가 아닌가 추측된다.[27]

불과 200년 전인 18세기까지만 해도 온돌은 없었고 가난한 사람들은 맨 땅에 또는 땅을 파고 돌로 메워 바닥의 습기를 제거한 위에, 껍질이나 멍석을 깔고 살았으며 여유가 있는 사람은 마루를

25 『한국의 목조건축』, 주남철, 서울대학교출판부, 1999년 9월 30일, p.41.
26 『韓國의 民家』, 金鴻植, 한길사, 1992년, p.535.
27 동상서.

설치하고 살았다고 추측할 수 있다.[28]

온돌 설비가 전국적으로 일반화된 것은 조선시대 전기이다. 1426년 7월에 성균관의 유생들에게 습질이 생겼음으로 동서의 양 서재를 온돌로 개간하였다. … 그리고 온돌의 일반화 시기와 거의 동시적으로 우리의 의식주 생활이 좌식으로 일반화된다.[29]

서민들은 대부분 흙바닥이나 땅을 파서 아궁이를 만들고 그 위에 눕는다.[30]

고려시대 상류층은 숯이나 나무를 태워 난방했다. 침상과 탁자를 사용하여 입식생활을 하였다. 서민들은 땔감을 아끼려고 (연료 효율성을 높이기 위해) 같은 불로 부엌에서 밥도 짓고 구들을 덥혀 난방도 할 수 있는 온돌로 발전시켰다.[31]

종합하면 온돌이 보급된 시기는 고려 중후기나 조선 후기로 잡는 것이다. 상술한 예문에서 '농사법 개량'과 온돌의 보급은 직접적인 연관이 없을 것으로 보인다. 경북대 이호철 교수는 〈조선시대농업사연구〉라는 글에서 『금양잡록衿陽雜錄』을 인용하여 재가 비료로 얼마나 사용되었는가를 살펴보면 온돌

---

28 동상서.
29 『우리나라 식생활문화와 역사』, 윤서석, 1999년 10월 15일, p.264.
30 『고려도경』.
31 인터넷사이트자료.

이 얼마나 보급되었는가를 알 수 있다고 하였다. 하지만 (금양잡록에서는 재를 비료로 사용한 흔적이 보이지 않는다는 점을 들어 15세기 말 경기도 지방의 농가에도 온돌의 보급이 일반적이 아닌 것으로 추정) 이와 같은 설명이 온돌의 보급 시기에 대해서는 일정한 단서가 될지도 모르겠지만, 온돌 보급의 원인에 대해서는 정확한 진단을 내리지 못한다. 온돌문화에 대해 논의하려면 우선 온돌 보급의 원인부터 알아야 한다. 단순히 한반도가 추운 지방이어서 온돌이 보급되었다는 식의 상투적인 해석은 설득력이 약하다. 고려의 강역은 청천강이남지역으로 초기 온돌분포지역인 고구려 고토, 즉 북한지역과 중국 동북지역에 비해 기후가 온화한 지대이다. 도리어 온돌이 발달하지 않은 화북지역과 기온이 유사하다. 그럼에도 화북지역에는 온돌이 발달하지 않고, 한반도 남쪽지역 고려 땅에서만 온돌이 발달하였으니 방한防寒 조건이 온돌 보급 원인으로 충당되기에는 무리일 수밖에 없다.

중국의 사합원에서는 실내난방은 숯(자금성 곤녕궁의 서난전西暖殿 등에서는 목탄으로 취난取暖)과 벽난로(진秦시대의 함양咸陽 궁전유적의 세욕지洗浴池에서 발굴)를 이용했다. 취사시설은 별도의 방에 마련했다. 부뚜막이라는 '조灶' 자는 본래 '조竈'라고 썼다. '혈穴'과 '토土'는 땅에 웅덩이를 판다는 뜻이다. 네 발 달린 동물은 땅을 파면 나오는 곤충이다. 1956년 간체자 '조灶'로 교체되었다. 송나라 때의 장군방張君房은 부뚜막(주방)의 모습을 다음과 같이 묘사하고 있다.

취사 공간을 만들 때에는 동서 길이 네 자(丈)에 남향하고 동쪽에 문을 낸다. 남쪽 방향에는 사창紗窓을 내고 서쪽과 북쪽은 모두 벽으로 막는다. 방 한가운데 부뚜막을 설치한다. 부뚜막에는 불을 지피는 아궁이가 있고 연통은 지붕 위로 뽑아낸다. 대개 솥두 개를 거는데 하나는 밥을 짓고 물을 끓이고 하나는 요리를 한다.

고려시대 초가집 온돌구들방
(출처: 부산컬쳐클럽 다음카페)

한옥에서 온돌의 피복률은 실내의 절반 이상을 점한다. 봉당 부분은 나중에 마루가 설치되면서 한옥의 내부는 철저하게 좌식생활공간으로 개조되었다.

고려시대 농촌의 서민 집을 상상해서 그린 그림이다. 한 공간에서 모든 것을 해결하므로 요즘으로 치면 원룸아파트와 같은 집이다. 삼국시대의 집과 크게 달라진 점은 온돌이 훨씬 넓어졌다는 것이다. 온돌 크기가 조선시대의 방 한 칸만 하다. 부엌과 방 사이에 벽이 없는 이 집은 우리에게 상당히 어색해 보이지만, 열을 효율적으로 쓰는 것이 무엇보다 중요한 문제였던 고려 서민들은 그런 벽의 필요성을 못 느꼈다.

창: 집 안의 통풍과 조명을 위한 시설. 붙박이 살창은 온도 변화에 대응하기 힘들기 때문에 커튼을 이용해서 바람이나 햇볕의 양을 조절했다.

아궁이: 밥과 국을 지을 수 있는 쇠솥이 걸려 있는 조리공간. 부엌과 방 사이에 벽이 없으니 뜨거운 열기가 그대로 방으로 전달된다. 상 나르기도 간편하다.

메주: 수확한 콩을 삶아서 발효시키고 있다. 간장과 된장은 장 담그기에 좋은 길일을 택해서 만들었다.

굴뚝: 아궁이와 연결되어 땔감이 잘 타도록 공기의 흐름을 만들어 주는 구멍이다. 아궁이에서 불을 때면 불길은 연기와 함께 온돌 아래 마련된 여러 줄의 연기 통로를 따라서 방을 가로지른 뒤 이 구멍으로 빠져나간다.

베틀: 베짜기는 다른 시대와 마찬가지로 고려 여인의 중요한 일상 노동이었다. 베틀은 크고 소리가 많이 나서 별도의 공간에 두는 것이 일반적이지만, 이 그림에서는 여성의 전형적인 일을 보이기 위해 가족이 먹고 자는 방 안에 배치했다.

곳간: 한 해 수확한 곡물을 집 안에 보관해 두는 공간. 소중한 재산이므로 방 안에 두어야 안전하게 지킬 수 있다.

온돌: 흙바닥 아래에는 편편한 돌이 깔려 있어 아궁이에 불을 때면 불길이 바닥돌을 데워 준다. 따라서 아궁이 쪽 바닥이 가장 따뜻하다.

햇빛가리개: 툇마루가 없는 고려의 집들은 햇빛이 그대로 집 안으로 들어오기 때문에 여름에 불편하다. 이 때문에 처마 끝에 긴 차양을 매달아 그늘을 만들었다.

작두: 말, 소에 먹일 여물로 쓰기 위해 풀, 콩깍지, 짚, 수수깡, 고구마, 덩굴 등을 써는 연장, 두 사람이 한 조가 되며 한 사람은 여물감을 먹인다. 평안북도 의주군 출토. 길이 64㎝.

고려의 상류층은 북송, 남송과 거래하면서 중국의 이런 풍속을 배워 숯으로 난방을 하고, 주방을 따로 설치하여 취사를 했을 것이다.

17세기 초, 재를 비료로 대량 사용한 점을 미루어 이 시기에 삼남지방에 온돌이 본격적으로 보급된 것이라고 말한 이호철 교수는, 1399년 경북 선산 월파정月波亭과 1490년 고령 객관에 온돌이 설치되었다는 사실과 『용재총화』의 "영남 사찰에 온방난돌溫房煖埃이 만들어졌다"는 기록을 이유로 15세기(1439~1504) 무렵 경상도지방에 온돌의 보급이 그리 일반적이지 않았음을 역설하고 있다.

그러나 필자는 종래의 여러 주장들과 달리 온돌의 보급은 조선시대가 아니라 고려시대라고 추측한다. 물론 이러한 주장은 막연한 것이 아니라 그럴만한 이유가 있다. 한마디로 한반도에서의 온돌의 보급은 불교와 깊은 관련이 있다.

태조(877~943년 재위)가 훈요訓要에 불교 장려의 정책을 표명한 뒤로 최후의 왕인 공민왕(1389~1392)에 이르기까지 불교는 고려의 국가종교였다. 왕실과 귀족 두 핵심정치세력들은 수많은 절을 짓고 불상 및 불탑을 설치하는 등 사원과 승려에 재정적 지원을 아끼지 않았다. 고려시대에 국가적 차원에서 개설된 각종 법회와 도량은 기록상 확인된 것만도 총 83종류에 이르고 실행횟수는 총 1,083회에 달한다. 이처럼 국가적 불교의례가 거의 매년, 매월 개설되었고 개인이나 집단적으로도 어느 시대, 어느 사회에서도 그 유래를 찾아볼 수 없을 정도로 빈번하게 의례를 거행했다. … 연등회, 팔관회는 물론이고…… 참회, 염불, 참선 등 수행 중심적 신앙의례 전통도 고려 말까지 줄기차게 이어지고 있었다.[32]

불교가 고려인들의 의식주생활에 가장 먼저 영향을 준 것은 왕조의 도살금지령이었다. 도살금지령은 고려인들의 식생활뿐만 아니라 주거생활에서도 엄청난 문화적 변화를 가져오게 한 중대한 사건이었다.

12세기 송나라 서긍의 「고려도경」에는 이런 구절이 있다.

양과 돼지의 네 다리를 묶어 이글거리는 불 위에 내던지고 만일 다시 살아나면 몽둥이로 때려죽이고 그 다음에 배를 가르기 때문에 창자가 온통 잘라져서 오물이 마구 흘러내리므로 이것으로 요리한 국이나 구이에서 고약한 냄새가 남아서 도무지 먹을 수가 없다.

이는 고려인들이 도살금지령으로 인해 짐승을 잡을 줄 몰랐음을 의미한다. 도살금지령은 육식 대신 채식위주생활을 강요했다. 도살은 송나라 사신을 대접하기 위해서만 허용되었을 뿐이다. 여말에 몽고인의 지배로 육식을 되찾았지만 그 기

---

32 브리태니커백과사전.

간이 무척 길었다.

겨울철이 되면 식재료 내원이 끊겨 절인 채소나 밥을 위주로 식사를 해야만 한다. "배가 고프면 더 춥다"라는 말이 있듯이 굶주린 자는 추위에 취약할 수밖에 없다. 게다가 서민은 경제 형편이 어려워 비싼 숯을 구입하여 난방을 해결할 조건마저 못된다. 기아를 견디는 방법은 될수록 운동을 자제하여 에너지 낭비를 줄이는 것이다. 굶주림과 운동부족현상은 상대적으로 체온이 급강하게 하여 추위를 더욱 심하게 타는 악순환을 유발한다.

한편 취사 공간을 따로 가질 형편이 못되는 서민들은 부뚜막을 살림하는 방 안에 설치했다. 밥을 짓고 남은 잉걸불은 화로에 담아 난방용으로 사용했다. 그러나 그 양이 적어 추위를 얼마 덜 수는 없었다. 연료를 절약하고 에너지를 효과적으로 난방에 활용하는 온돌은 추위도 덜 수 있고 취사도 가능한 최상의 선택이 아닐 수 없다. 결국 온돌의 보급은 추위 때문에 부각된 것이긴 하지만 그 추위는 기후보다는 채식 위주 생활에서 오는 굶주림과 운동부족으로 인한 상대적인 체온 감소 때문이었다.

온돌의 이러한 도입은 정부 지원으로 비대해지는 사찰의 성장과 함께 급속도로 전국적인 범위에서 일반화되었다. 앞에서도 보았듯이 15세기의 영남 사찰에 온방난돌이 설치되었으며, 그보다 먼저 1376년 경기도 양주에 고려 말 전국 사찰의 총본산이었던 회암사지에서도 한반도에서 가장 규모가 큰 온돌유적이 발굴되었다. 회암사의 창건연대는 명확하지 않으나 1313년(충숙왕 즉위) 이전에 이미 절이 창건되었던 것으로 추정된다고 한다. 온돌은 이 두 사찰뿐만 아니라 전국 여러 사찰들에서도 상당히 보급되었을 뿐만 아니라 고려 초·중기에도 온돌구조가 상당히 도입되었을 것으로 간주된다.

불교 국가인 고려시대에는 유난히 불사佛事가 많았다. 승려와 일반인들의 왕래가 그 어느 시기보다 빈번했으며 불사로 인해 절은 늘 많은 사람들이 운집하는 대중공간이 되곤 했다. 염불, 참선은 스님뿐 아니라 불공을 드리는 모든 이들에게 차가운 땅바닥에 가부좌를 하고 좌식할 것을 요구한다. 더욱이 참선은 고정된 장소에 오랫동안 움직이지 않는 상태에서 앉아있어야 하는 수행이다. 채식 위주의 식생활로 영양실조가 많았던 스님들에게 있어서 이런 수행은 참기 어려운 고통이 아닐 수 없었을 것이다. 특히 동기가 되면 굶주림과 운동부족으로 체감으로 느끼는 추위가 더욱 혹독했을 것이 틀림없다. 넓은 선방에 고가의 숯을 구입하여 화로난방을 도입한다는 것도 사찰의 극빈한 경제사정으로는 엄두도 못 낼 일이었다. 추위를 덜기 위해 고안해 낸 것이 일반 서민 가옥들에 설치된 온돌의 도입이었다. 영남의 사찰들과 회암사지의 온돌이 이 사실의 타당성을 증명해주고 있다.

온돌의 보급과 원인에 대한 연구도 학술적 가치가 충분하겠지만 필자는 그보다도 온돌이 한민족의 문화 형성에 미친 영향을 탐구하는 것이 더 의미가 크다고 생각한다.

온돌은 좌식생활의 정착에 결정적인 환경요소를 제공했다. 고대에는 무릎을 꿇고 바닥에 앉는 경우가 많았으나 온돌 보급 후 장시간의 가부좌가 가능해졌다. 구들에 앉는 행위는 상반신의 체중을 허리와 엉덩이에 집중시킨다. 허벅지와 종아리, 복사뼈도 교차되며 서로를 압박한다. 이는 중력이 등받이에 의해 분산되어 허리와 둔부에 가해지는 체중중압이 감량하는 의자와는 정반대의 효과라고 할 수 있다. 결국 좌식생활은 엉덩이가 커지고 허리가 굵어지고 다리가 짧아지게 만든다. 요즘 말로 하체 비만이 생긴다. 하체에 비해 상체는 왜소해질 수밖에 없다. 다리의 형태도 O자형이나 X자형으로 굴절되며 굵고 짧아진다. 이러한 신체구조는 기마전투가 위주였던 고려시대에는 군사작전수행에 불리한 단점일 수밖에 없다. 다리가 짧고 굴절되어 말을 타기도 어려웠을 것이고, 상체가 왜소해 전장에서 칼이나 창을 휘두르기도 버거웠을 것이다. 다리가 짧고 굴절되면 마상에서 신체균형을 유지하는 데는 도움이 될 수 있을지 몰라도 적과의 일대일 접전에서 병장기를 휘두르고 활을 당기는 데는 불리하므로 승전이 쉽지 않다. 게다가 하체 비만은 민첩성이 떨어지는 요인으로도 역작용을 한다.

온돌은 눕기에도 편한 구조이다. 앉거나 눕는 행위는 안정감, 나른함, 무기력함, 권태, 의욕상실, 우유부단, 식욕부진, 게으름 등 부정적인 심리 현상을 촉발하여 육체적으로는 피로감으로 이어지게 마련이다. 뿐만 아니라 주로 방 안에서 생활

하는 겨울철에는 충분한 일조량을 확보하지 못해 골격발달에
도 이롭지 못하다. 중국 남방 사람들의 신체구조가 왜소한 원
인 중에는 비오는 날이 많고 해가 나지 않아 일조시간이 짧음
으로 인해 골격과 근육의 발달에 불리하다는 연유도 포함된
다. 온돌좌식생활문화는 한국인의 민족적 성격 형성에도 많
은 영향을 미쳤다. 온순하고 소극적이고 의욕이 부진한 것 등
은 온돌문화로 인해 형성된 한국인의 대표적인 성격이다.

　한편 온돌은 구들 바닥은 따스하지만 대부분 산골지대인데
다가 창문과 마루가 많아 외풍이 심해 실내 온도차가 극심하
다. 이런 연유로 겨울철이나 추운 날에는 낮에도 대체로 이불
속에서(이불은 뜨거운 온돌과 심한 외풍을 적절하게 조절하기 위해
발달한 것이다) 지내기가 일쑤다. 이불 속에서 할 수 있는 일이

중국 조선족 온돌방
옛 모습 그대로를 보
존하고 있다. 우리
조상들은 이런 온돌
에서 오랫동안의 좌
식생활을 하며 체형
이 기형으로 변형되
었다.

　　　　　　　한국 전통문화의 허울을 벗기다―한·중 문화 심층 해부

란 수면과 정사뿐이다. 온돌은 가장 완벽한 남녀정사공간을 제공한다. 밖의 추위와 실내의 외풍, 이불 속의 적당한 보온은 성욕을 촉발하는 이상적인 환경요소로 작용한다. 실제로 선비족이 온돌문화를 도입한 후 인구가 급속도로 증가했다는 기록도 있다. 온돌 밑바닥의 물리적인 불길은 온돌 위의 사람에게 정욕의 불길을 지핀다. 그리하여 그 시대 여성들은 항상 배가 불러 있지 않으면 등에 아기를 업고 살았다. 아이에게 수유하느라 옷섶을 여밀 사이도 없었던 관계로 조선시대에는 여성들이 유방을 아예 드러내고 다녔다. 고려와 조선시대 남성들은 육식 기피로 여위고 굶주린 데다 부족한 기력을 과도한 성생활에 탕진한 나머지 국가를 외침으로부터 수호할 기운마저 없게 된 것은 아니었을까?

방위로 장유유서를 구분하는 중국 사합원의 주거문화와는 달리 온돌은 한국만의 특유한 장유유서 분별문화를 배태시켰다. 온돌의 실내온도 차이에 따른 구분법이 그것이다. 더운 곳과 찬 곳으로 나누어 어른과 아이들의 위계 장소가 결정된다. 따스한 아랫목은 어른이, 중간지대는 아이들이, 윗목은 장정이 차지한다. 온돌에서의 가족성원들의 위계는 방위가 아니라 계절, 날씨변화, 연소조건, 낮과 밤, 개인기호 등 각이한 상황에 따라 수시로 변화한다. 한마디로 서열이나 위계 구분이 불확실하다는 말이다. 사합원이 방위로 서열을 변별하는 데 반해 한옥은 온도 차이로 서열을 구분하는 이 특이한 주거문화는 온돌이라는 구조 때문에 생긴 것이다. 위계와 서열의 불확실함과 혼란으로 인해 사생활공간의 확보가 불가능하며, 나아가 가족공동체를 더 우선시함으로 인해 개인의 소멸을 초래할 수밖에 없다. 이러한 경계가 없는 문화구조에서 개체가 자신을 영위할 수 있는 유일한 경로는 욕구 억제와 개인의 희생 그리고 끝없는 인내력뿐이다. 개체가 가족공동체 내에서 자신만의 확실한 공간을 소유할 때에만 진정한 의미에서의 개성을 가진 인격자로 존립할 수 있기 때문이다.

방위는 장소적 영역이다. 방위의 배분을 통해 매개 가족성원들의 사적공간을 구획 짓는 건 장소적 공간이야말로 존재의 영위방식이기 때문이다.

결론적으로 온돌은 한국인으로 하여금 수천 년 인류 역사에서 특기할만한 아무런 업적이나 기여도 할 수 없도록 무능하게 만든 원인이었다고 단정할 수밖에 없다.

6. 천장과 지붕—소통의 공간

한옥의 실내공간은 두 층으로 분류할 수 있다.

첫째는 평면공간이다. 좌식과 와식을 통한 휴식공간의 기능을 수행한다. 평면공간은 구들의 넓이에 의해 확보된다.

둘째는 입체공간이다. 이동을 통한 활동공간의 기능을 수행할 뿐만 아니라 공기의 소통기능까지 수행하는 아주 중요한 공간이다. 입체공간은 벽의 간격과 천장의 높이에 의해 개척된다.

한옥 특히 초가 건물의 실내영역구조는 온돌에서의 좌식과 와식을 통한 휴식을 건축의 목적으로 삼고 있으므로 그에 걸맞도록 평면공간이 발달한 반면, 입체공간은 위축된 상태라고 볼 수 있다. 이는 사합원의 내부구조가 입체공간은 발달하고, 평면공간은 바닥, 침상, 온돌, 캉炕 등 계단식으로 형성된 것과는 정반대이다.

한옥의 천장이 낮은 원인을 아래의 몇 가지로 집약할 수 있다.

(1) 앉은키에 맞춤. 출입 말고는 일어설 일이 없다.

(2) 가구의 높이에 맞춤. 가구의 높이는 좌식에 맞춘 것이다.

(3) 온돌에서 생산된 열 분산 방지

(4) 연료 절약과 노동력 절약

우선 한옥의 천장은 일차적으로 지표면으로부터 쌓아올린 구들의 높이만큼 낮아졌다. 일반적으로 천장의 높이는 7.5척 尺으로 앉은키 위에 서 있는 사람의 키를 합친 수치라고 한다. 한국인의 평균 신장이 약 1.5m, 1.8m라고 하니 일어서면 천장까지의 공간이 한 자 남짓 밖에 안 된다. 입체공간의 기능이 기류의 소통이라 할 때 낮은 천장은 우선 '인체에서 분출된 기가 뻗쳐오르지 못하게' 억압하고, 온돌에서 가열된 열기가 위로 상승하여 새로운 기류가 하단으로 유동되는 환기 절차도 단절하여 항상 실내 공기가 혼탁하다.

천장은 지붕으로부터 흡입되는 기를 완충시켜주고 실내 바닥으로부터 올라가는 기를 조절해 천기와 지기가 회전回傳하게 하는 역할을 하는 곳이다. 천장이 지나치게 높으면 실내 기운이 제대로 모일 수 없고, 낮으면 기의 원활한 흐름을 방해하여 침체시킨다.[33]

사합원은 천장이 높아 냉온공기의 유동과 교체가 원활하다. 사람에 의해 지표면에서 더워진 공기는 천장 위로 상승하고 그 자리에 신선한 기류가 유입된다. 밑으로 유입된 찬 기류는 충분히 가열된 후 기운이 혼탁해지면 다시 위로 상승하는 것이다. 여름에도 밖의 더위에 가열된 공기가 유입되어 방 안

33 『藏風得水(風水)』 제9장 「양택가상학」, 吳心竹.

의 넓은 그늘에서 충분히 냉각된 후 다시 인체에서 발산한 열에 데워진 뒤 상승한다. 그 결과 주거 내의 사람들은 항상 맑고 신선한 공기를 마실 수 있고 정신도 맑게 깨어 있다.

그러나 천장이 낮은 한옥의 경우 온돌에 의해 하단부의 공기가 계속 가열되지만 상단부의 공간이 확보가 안 되어 유동이 정지되고 안개처럼 잠겨 있게 된다. 밀폐된 공기 속에서 인간은 답답함, 불안함을 느끼고 권태와 피로는 누적될 수밖에 없다. 많은 문들은 이런 단점을 해결할만한 건축공학적 대안이 되기에 적절한 구조물들이지만 그마저도 겨울에는 별로 효험이 없다. 이는 또한 한옥구조에서 마루가 발달한 원인이기도 하다. 답답한 방 안에서 마루로 나오면 공기 순환이 잘 되어 기분이 상쾌할 것이기 때문이다. 그러나 앞뒤 벽 구조가 생략된 마루 역시 문제가 있다. 담장마저 낮은 한옥구조에서 마루는 밖의 정제되지 않은 기를 여과할 건축 장치가 결여되어 기의 흐름이 원활하지 못하다. 앞에서도 이미 지적했듯이 중국의 풍수설에 의하면 나쁜 기운은 굴절되거나 정지하지 않고 직행한다. 밖에서 가열되거나 냉각된 열기, 한기는 어떠한 견제장치나 완충공간을 거치지 않고 그대로 마루를 통과한다. 열기는 벽을 튼 마루 그늘에서 식혀질 사이도 없이 사람의 몸을 스쳐 통과하고, 한기는 마루에서 따뜻해질 틈도 없이 직선적으로 통과한다. 순화되지 않은 밖의 공기가 사람의 몸에 닿을 경우 건강에 불리하다.

하지만 사합원의 경우를 보면 기의 흐름이 완만하면서도 원활하다는 것을 알 수 있다. 일단 길들여지지 않은 외부의 거친 기는 높은 담장에 가로막혀 그 광기가 증발된다. 천천히 담을 넘거나 대문으로 들어오지만 영벽을 만나 다시 한 번 운행을 멈춤으로써 더러운 기운들을 가라앉힌 다음 우회하여 마당으로 유입한다. 그동안 더운 공기는 식고 차가운 바람은 더워지며 나쁜 기운과 거칠음도 순화되어 인간의 몸에 닿을 때에는 이미 맑고 부드러운 훈풍화기薰風和氣로 변화한 상태가 된다.

집을 지을 때 풍수설에 입각해 지형을 택하는 것은 다름 아닌 기의 흐름이 막힘없이 원활하면서도, 사람의 건강이나 휴식, 정서(개인의 성격, 더 나아가 민족성의 형성에도 영향을 미치는)에도 지장이 없는, 고요하고 순화된 기가 흐르는 곳을 물색하는 작업이다.

풍수지리는 장풍득수의 학문이다. 장풍을 직역하자면 '바람을 감춘다', '바람을 간직한다', '바람을 품다', '바람을 저장한다'는 뜻이다. 이 말은 바람이 통하지 않게 가둔다는 의미가 아니다. 바람이 통하되 맑고 부드러워서 훈풍화기가 되어야 한다는 뜻이다.[34]

한국은 대부분 산간지대여서 천연적인 명당이 많다는 점이 다행이고, 그걸 믿고 한옥의 이상한 구조들이 생겨났을 법도

---

34 『장풍득수』 제9장 「양택가상학」.

하다는 생각이 든다.

지붕의 기능은 두말할 것도 없이 빗물, 눈물 처리에 있다. 그러나 선사시대의 움집을 보면 지붕의 기능이 눈비를 막기 위한 용도만은 아니었음을 금시 알 수 있다. 움집의 창문은 지붕 위에 설치되어 있다. 몽골인의 게르도 지붕 위에 개구부가 설치되어 있다. 이는 지붕이 원래 눈과 비를 막는 역할을 담당했을 뿐만 아니라, 실내의 연기나 나쁜 기체를 밖으로 배출하는 통기의 기능도 했음을 암시한다. 물론 개구부를 통한 채광과 종교적 의미도 갖고 있을 것이다.

통풍이 지붕의 한 기능이라고 할 때 지붕의 형태는 통풍 효과가 어느 정도인가에 따라 우열이 갈릴 것이 분명하다.

한옥의 지붕은 주지하다시피 개판이나 산자 위에 충분한 양의 흙을 발라서 여름철의 더위나 겨울철의 추위를 방지하는 동시에, 지붕에 충분한 무게를 실어서 하부를 눌러주는 효과를 중요시한다. 반면 중국 민가의 경우 중부, 남부지방에서는

**한옥지붕(좌)과
사합원의 높은 천장(우)**
한옥은 지붕의 중압을 이기지 못해 금방이라도 붕괴될 듯싶다. 사합원은 천장이 높고 지붕의 하중을 최소화하여 기의 소통이 원활하다.

서까래 위에 흙을 이겨 바르는 대신 평평한 기와를 개관 대용하는 방식을 채용하여 시공의 간편화를 꾀하고 통풍의 효과를 높였다. 또 북부지방에서는 흙이나 회灰를 덮되 두께를 최소화하여 하중이 커지는 것을 방지[35]한다.

느리개와 적심을 설치하고 나면 보토를 받는다. 나무가 조금도 드러나 보이지 않도록 지붕 전체에 골고루 흙을 덮는다. 이때 쓰이는 흙은 잘 이긴 진흙이라야 한다. … 빈틈없이 얹으며 다부지게 밟아 나무 틈새 등에 흙이 들어가 쏙쏙 박히도록 해야 좋다. 이렇게 발라진 흙은 방수의 역할도 한다. … 진흙을 덮었으면 곱게 부스러진 백토白土(석비례)나 황조사黃粗砂를 그 위에 져다 붓는다.[36]

그야말로 물 한 방울 샐 틈도 없이, 바람 한 줄기 소통할 틈도 없이 완전히 밀폐시킨다.

한옥지붕의 두텁고 과중한 현상은 열 분산을 차단하고 외풍의 엄습을 최소화하기 위한 구조이다. 이러한 형태는 온돌이라는 특이한 구조물에 의해 생겨난 것이다. 온돌의 열에너지를 보관하려면 열 분산을 막고 외부로부터 스며드는 한파를 차단하는 것이 무엇보다 중요하기 때문이다. 그러나 통풍이

35 『한국의 살림집』, 申榮勳, 悅話堂, 1983년 8월 5일, p.328~329.
36 동상서, p.337.

순리롭지 못해 기의 순환에 장애가 오는 결과를 초래할 수밖에 없다. 기 순환이나 통풍은 오로지 창호를 통해서만 가능하기에 창의 수효가 급증한 것이다.

마지막으로 짚고 넘어가야 할 것은 이른바 '한옥지붕의 형태미'의 찬사에 대해서이다.

초가지붕의 외형이나 윤곽은 그것을 구조하는 사람들의 심성에 따라 형상화된다. … 지붕의 모양은 산형山形을 닮았다. 마을 뒷산 봉우리의 산세와 지붕의 곡선이 일치하고 있다. … 자연 친화의 심성에서 흘러나오는 구수한 맛이다. 산의 형상을 지붕의 형상 속에다가 실현해낸 대담성 … 우리의 초가지붕과 한국의 산세가 닮은 것을 나는 우리 문화의 바탕과 긴밀한 관계를 갖고 있는 것으로 보고 있다. 그 바탕에서 우리의 조형예술은 싹 텄으며 성장해온 것이라 믿고 싶다.[37]

전혀 현실적 근거가 없는, 일고의 가치도 없는 상상의 비약이다.

한옥의 지붕이 완만하고 부드러운 곡선 형태를 가지게 된 것은 우선 열 분산을 차단하기 위한 조치로 낮아진 서까래 때문이다. 천장의 공간을 줄임으로써 열에너지가 분산되는 것을 막으려는 시도였을 것이다. 다음으로는 풀로 엮은 이엉이

---

37 『韓國의 民家』, 金鴻植, 한길사, 1992, p.487.

빗물과 햇빛에 삭아서 가라앉기 때문이다. 여기다가 진흙의 무게까지 내려누른다. 물매가 느려 방수에 취약한 단점을 흙을 이겨 바름으로써 보완한 것이다. 같은 한옥이라 해도 기와집의 형태는 완만하고 부드러운 곡선이 아님을 일견하고도 상술한 견해에 설득력이 부여될까. 기와집을 지을 때에는 자연친화적인 심성이 우러나지 않아 산세의 형상을 지붕의 형상속에 실현해내지 않았단 말인가. 문화 현상에 대한 이런 식의 접근과 연구는 진실을 오도할 따름이므로 당연히 자제해야 할 것이다.

7. 화로—서열의 소멸과 식탐의 근원

화로의 기원은 아득히 먼 선사시대 움집화덕으로까지 거슬러 올라간다. 선사시대의 화덕은 난방과 취사기능을 겸하고 있었다.

난방장치로서의 화로는 불을 담는 그릇이 생겨나고 취사기능이 배제되면서 탄생한다. 한반도는 선사시대부터 토기가 발달한 지역으로, 불을 담는 그릇의 조건이 일찍부터 구비되었다. 그러나 화로가 전문난방도구로 일반화되기 시작한 것은 숯의 생산과 맥을 같이 한다.

한국에서는 숯이 경주 고분에서 발굴되었으며, 숯에 관한 최초의 기록은 『삼국유사』와 『삼국사기』이다. 『삼국유사』 「기이 제1 탈해왕」편에는 탈해가 어렸을 때 호공의 집을 빼앗기 위해 속임수로 몰래 숫돌과 숯을 땅에 묻어두었다는 기록이 보인다. 『삼국사기』 14권 「신라본기 헌강왕 6년」에는 당시 경주의 민가에서 밥을 짓는데 나무를 사용하지 않고 숯이 사용되었던 사실을 밝히고 있다.

그러나 숯은 연기가 안 나고 열에너지가 오래 지속되어 난방에는 효과적이지만 화력이 약해(이미 1차 연소에서 열에너지 대량 소모) 취사용으로는 적합하지 않았을 것으로 예측한다. 북경의 자금성 곤명궁 등에서도 목탄을 사용하여 취난取暖한 것으로 보아 숯은 취사보다는 주로 난방에 사용되었을 것이다.

일부 학자들은 고려시대 상류층들이 숯이나 나무를 태워 난방을 해결하였다고 주장한다. 나무를 부엌이 설치 안 된 실내에서 연소하여 난방을 시도할 경우에 연기 처리가 문제되지 않을 수 없다. 선사시대의 움집구조는 천장에 개구부가 설치되어 나무를 연소시킬 때 연기가 위로 배출될 수 있었지만, 폐쇄된 천장의 가옥에서는 연기 때문에 실내연소가 도무지 불가능하다. 그것은 배연을 위한 전문장치인 구들 고래와 굴뚝, 아궁이가 구비되었을 때에만 가능한 작업이다.

그런데 이러한 특수시설물을 건축에 도입할 경우 난방과 취사는 분리되는 것이 아니라 도리어 결합 형태를 취한다. 이는 화로, 벽난로壁爐(진대秦代 함양咸陽 궁전유적에서 발굴)와 독립적인 취사 공간을 통해 난방과 취사를 분리시킨 사합원의 경우와 정반대되는 형태이다. 온돌난방에 화로난방까지 가세하여 실내온도가 급격히 상승하는 한옥의 경우 더위 때문에 쉽게 무기력해지고 권태와 피로를 느끼며 정신적 긴장이 느슨해질 수밖에 없다.

고려시대에는 이미 질화로가 생산되었고, 옹기화로와 청동기화로는 조선시대 중기에 생산되었다고 한다. 이는 취사와 구별된 난방도구로서의

일본의 화로

한국 전통문화의 허울을 벗기다-한·중 문화 심층 해부

화로가 적어도 고려시대부터는 사용되었음을 대변해준다.

한옥에서 전문난방시설인 온돌이 있는데도 화로난방이 중복된 특이한 현상은 얼핏 보기에 비효율적인 것 같지만 면밀히 관찰해보면 그런 것만도 아니다. 온돌에 의한 바닥과 입체공간의 상대적 온도 차이, 과다한 문의 설치로 인해 외풍에 의한 구들 바닥과 위의 온도 차이를 완화시키기 위한 대비책으로 애용된 것이 바로 화로였던 것이다.

사합원처럼 방위와 대칭에 입각하여 중심과 위계가 엄격하게 구획된 것이 아니라, 온돌의 온도 차이에 의해 위계공간이 할당된 한옥의 경우에는 장소적 중심의 해체가 불가피한 현상으로 부각되지 않을 수 없었다. 중심의 해체는 가족구성원들을 집결시키는 구심점의 부재를 초래한다. 최악의 경우에는 가족 간 대화채널 단절이라는 위험마저 감수해야 한다.

한옥의 이러한 공간적 취약점을 보완하기 위해 흩어진 가족구성원들을 재결집하여 산화散化, 면화面化되었던 생활공간을 점화点化시킨 역할을 한 것이 다름 아닌 화로이다.

이와 같이 화로의 점화로 모처럼 탄생한 만남의 공간은 아직도 사합원의 위계적 공간과는 다른 소비적 공간(열에너지와 간식, 담배 등의 식품 소비)이라는 점에 초점을 맞출 필요가 있다. 그 까닭은 화로를 축으로 진행되는 가족의 일상에 잠깐만 눈길을 돌려보면 자명해진다.

일단 화로는 불에 음식물을 구워먹을 수 있다는 데서 식욕을 자극한다. 불과 20~30년 전까지만 해도 시골 사람들은 화롯불에 감자나 고구마를 즐겨 구워먹었었다. 고려시대에는 불교의 영향으로 도축금지령이 내려지고 육식이 금기시되어 사람들은 늘 영양실조와 굶주림에 시달려야만 했다. 그리하여 화롯불에 마주앉으면 무엇이든 구워먹을 궁리만 했을 것이다. 가래떡, 밤, 고구마, 감자, 옥수수……. 하지만 감자는 1824년(순조 24년)에, 고구마는 1783년(영조 39년)에 통신사 조엄이 쓰시마 섬에서 들여왔다. 옥수수가 한반도에 토착화된 시기는 1700년 중반이다. 고려시대에 중국 원나라 군대에 의하여 전래되었다고 한다. 감자, 고구마, 옥수수 말고도 화롯불에 구워먹을 식재료는 얼마든지 있었다. 민물고기, 해산물도 구워먹었을 것이고 콩도 볶아 먹었을 것이 틀림없다. 감자나 고구마처럼 불 속에 묻어 익히는 방법뿐만 아니라 굽기, 끓이기, 볶기 등의 방법을 활용하기 위해 발달한 석쇠(적쇠), 삼발이, 철판, 부저 등 화로에 딸린 각종 도구들을 보고 짐작할 수 있다.

그렇게 주린 창자를 달래고 나면 뒤따르는 건 흡연 욕구이다. 온돌에서 화로를 가운데 놓고 흡연을 하는 것이 옛사람들의 취미생활 중 하나였다. 화롯불에 습기로 인해 눅눅해진 연초 잎을 건조시키고 잘게 부스러트러 곰방대에 재운 다음 부시를 칠 필요도 없이 화로에서 담뱃불을 붙이고 화로에 재를 털 수 있어 흡연하기에 가장 이상적인 공간이다. 구들에서 생활하는 만족滿族들도 취미생활의 종류가 극히 제한된 과거에는 화로를 가운데 두고 흡연을 하는 것이 유일한 소일거리였

한국 전통문화의 허울을 벗기다-한·중 문화 심층 해부

만족의 온돌과 화로
추운 계절이 더운 계절에 비해 상대적으로 길어 만족은 작은 온돌과 화로를 유난히 애용했다. 화로 앞에서 할 수 있는 일이란 음식을 구워 먹거나 흡연하는 소일거리뿐이다.

다.

한국에 담배가 전래된 것은 17세기(1618년, 광해군 10년) 일본을 통해서였다. 담배가 들어오기 전에는 아편을 피웠을 것이다. 아편은 항간에서 일명 '약담배'라는 칭호로도 불린다.

담배도, 아편도 피우지 않는 사람들은 뭐든지 구워서 요기를 하고는 잠자리에 드는 것이 일상사였다. 화로의 따뜻함은 육신을 나른하게 하고 수면을 자극하는 역할을 한다.

예전에는 밥을 먹으면 쓰러져 자는 것이 고작이었다.[38]

부산물로 허기를 정신없이 때우느라, 졸려서 수면을 청하느라, 모처럼 마련된 생산적인 대화공간은 열과 음식물, 수면을

---

38 『한국의 민가』, 조성기, 도서출판 한울, 2006년, p.438.

취하는 소비공간으로 그 성격이 변질되고 의미가 축소되고 마는 것이다. 그러니 화로는 방 안의 차가운 공간마저 훈훈하게 가열하여 그러지 않아도 따스한 온돌에 미련을 버리지 못하는 한국인을 더욱 구들에 붙들어 앉히는 부정적인 역할을 했다고 해야 할 것이다.

8. 굴뚝―자연환경의 파생물

선사시대 인류는 움막집 바닥 중앙에 화덕을 설치하여 취사와 난방 문제를 해결하였다. 화덕에서 발생하는 연기는 천장 가운데 개구부를 뚫어 배출시켰다. 이것이 최초의 굴뚝이다.

화덕이 실내에 노출된 연소시설임에도 연기의 피해로부터 피할 수 있었던 것은 움집 벽의 차단으로 외부의 풍량風量, 풍향, 풍속, 기류, 기압 등의 영향을 배제하고 오로지 더운 공기의 상승원리만을 기능화했기 때문이다. 이런 차단기능이 해제된 노천 연소 시에는 발화력發火力과 연기 이동이 외부환경 요인에 의해 좌우지될 수밖에 없다.

굴뚝은 바로 사방을 차단함으로써 외부 인소의 간섭이 없는 연통을 통해 온기溫氣상승원리만 극대화시킨 가옥시설이라 할 수 있다. 연통의 높이가 높은 것은 연기를 저기압 대기층까지 끌어올린 다음 방출함으로써 고기압에 의한 연기발산 저해를 제거하기 위함이다. 기압이 낮을수록 연기는 순탄하게 상승하며 그로 인해 연소와 발화도 활발해진다. 즉 굴뚝은 외부 기류와 차단된 연통의 보호를 통해 연기가 고기압의 억압에서 벗어나 보다 기압이 낮은 지역에서 방출되기 위한 수단이다.

이렇듯 굴뚝의 효용은 연소의 발화세기의 제고와 원활한 배연을 위한 장치임을 알 수 있다. 그런데 이 굴뚝에 대하여 이른바 문화적 재조명이라는 미명 하에 일부 비중 있는 학자들의 해석이 학술적 도를 넘어 이를 짚고 넘어가지 않을 수 없다.

전통문화 재해석으로 명성을 드날린 이규태의 굴뚝에 대한 찬사는 학자적 자세에서 우러나왔다고 보기 힘들만큼 현혹적이다. 진실을 규명하기보다는 자신의 국수주의 논리에 굴뚝의 의미를 짜 맞추고 있다. 이규태는 '연기는 곧 식사를 짓는다는 단적인 표현이요, 식사는 곧 인간본능과 인간주의 문화의 중핵이라는 과정에서 그것을 극소화시키는 한국인의 인격주의 의식구조의 소치'라고 주장하며, 한반도 남쪽의 민가 굴뚝이 낮은 원인에 대해 진실은 외면한 채 화려한 미사여구를 동원하여 과대포장하고 있다.

이규태의 '욕구은폐론'에 이어 '집단방어론'을 주장하는 학자도 있다. 임진왜란 이전부터 끊임없는 침략으로 시달림을 받아온 한민족의 본능적인 집단방어의식이 습속화되었다고 역설하면서, 부락을 형성하는 하나의 단위인 민가의 굴뚝 연기는 부락 전체의 존재를 알리는 기호記號가 될 수 있으므로 연기가 지붕 위로 높이 솟는다는 것은 부락의 방어상 생각할 수 없다는 것이 굴뚝이 낮은 원인으로 제시된 주장이다.

왜구의 침략이 남부지방일수록 극심했던 사실과 남부의 굴뚝 형식은 상관관계가 있어 보인다.[39]

---

39 동상서, p.436.

조성기의 연구는 이규태의 공담에 비하면 그나마 설득력이 있어 보인다.

한옥의 굴뚝이 남쪽으로 내려올수록 점점 낮아지는 현상은 주지하는 바이다. 간단한 구멍을 뚫거나 툇마루 밑에 구멍을 내서 배기하는 간이형 굴뚝[40]이 있을 뿐만 아니라 아예 굴뚝이 없는 경우도 있다.[41]

남북방의 굴뚝 높이의 차이에 대해 필자는 기존 가설들과는 다른 견해를 가지고 있다.

북방은 추위 때문에 연소 시간이 상대적으로 길다. 기후가 온화한 남방에서는 여름에는 물론이고 겨울에도 별로 춥지 않아 연소 목적이 취사에 국한되는 경우가 다반사이다. 그에 반해 북방은 한랭한 기후로 겨울철이 길다. 자연스레 연소 목적도 취사에서 난방으로 확대될 수밖에 없다. 남쪽지방은 마루가 차지하는 공간이 온돌보다 넓어 가열하는 데 시간이 적게 드는 반면, 북쪽지방은 온돌 면적이 넓어 덥히는 데 시간이 몇 갑절이나 소요된다. 겨울에는 밥을 짓고 나서도 진종일 아궁이에 불을 지펴 구들을 가열시켜야 한다. 불이 잘 들지 않으면 화력이 약해 구들을 덥히기가 쉽지 않다. 연소 시간이 길기 때문에 구들 고래도 잘 막힌다. 그러므로 연기가 **좍좍** 빨려나가야만 화력도 세지고 구들 고래도 잘 막히지 않으며 온돌 윗목

---

40 『한국의 민가』, 조성기, 도서출판 한울, 2006년, p.436.

41 동상서.

**북방가옥의 굴뚝
(두만강 대안 북한마을)**
북방은 추워서 취사
외에도 난방 시간이
길므로 굴뚝을 높여
불길이 잘 들도록 하
였다.

**삼가헌(三可軒) 굴뚝
(대구광역시 달성군
하빈면 묘리 800. 중
요민속자료 제104호)**
기온이 온화한 남반
부는 굴뚝이 취사에
만 사용되므로 굳이
높게 설치할 필요가
없다.

까지 가열될 수 있다.

그러나 사합원은 취사 공간이 따로 있어 연통이 작고 낮다. 구들은 연기가 통과하는 고래가 설치되어 재나 연기가 누적되면서 자주 통로가 막혀 주기적으로 구들돌을 걷어내고 고래를 훑어 내거나 굴뚝을 높게 하여 연기의 흡인력을 강화해야 한다. 하지만 취사만 하는 사합원은 이런 절차들이 생략되므로 굳이 굴뚝을 높이 설치할 필요가 없다.

북방의 굴뚝은 바로 이러한 생활의 필요성에서 높아진 것이다.

대륙성 기후대에 속하는 북방에는 계절풍인 북서풍이 심하게 분다. 굴뚝을 높이 세워 북서풍의 교란만 피하면 연기가 원활하게 방출되고 불길이 잘 들 수 있다. 남향의 경우 한옥은 동쪽에 부엌이 있고, 서쪽에 굴뚝이 설치된다. 북서풍이 불면 기류는 연기를 아궁이 쪽으로 역류시키기 때문에 굴뚝 높이를 높여 기압이 낮은 곳에서 연기를 방출시킴으로써 기류에 의한 연기의 역류를 방지한다.

남방은 연소 시간이 짧아 굴뚝 사용빈도가 낮을 뿐만 아니라 취사가 주목적이고 온돌 가열은 부차적이기 때문에 굴뚝 높이에 그다지 신경을 쏟지 않아도 무방하다. 게다가 비가 많이 내리고 안개가 짙어 굴뚝을 높여봤자 연기가 아래로 깔리기 십상이며, 해양성 기후로 인해 풍향마저 무질서하여 피할 방법이 없다. 단순 취사 연소는 불길이 잘 들지 않아도 솥 밑 바닥만 가열이 가능하면 충분히 밥을 지을 수 있다. 전면 온돌인 북방가옥의 경우 가열하는 데 많은 시간이 소요되고 반드시 구들 윗목까지 골고루 데워져야 하는 사정에 비해 그다지 절박하지 않다.

'집단방어론'은 연기만 감춘다고 소나 개와 같은 가축의 울음소리마저 외부에 노출시키지 않을 수는 없으므로 방어 효과가 무색할 수밖에 없다. 한국의 마을은 일반적으로 산골에 자리 잡아 연기가 영을 넘지 않는 이상 타인에게 위치 추적의 기호로 제공될 우려는 없다. 그러나 개나 소, 거위와 같은 가축의 울음소리는 산을 넘어 멀리까지 들린다. 더구나 남방은 취사 연소를 제외하고는 거의 연기를 방출하는 일이 드물다는 사실을 감안할 때 '본능적인 집단방어' 주장은 근거 없는 억측이라는 것을 입증한다.

'인간본능'인 '식사' 행위를 '극소화시킨'다는 이규태의 주장은 높은 굴뚝을 사용하는 북방 한인을 '한국인의 인격주의 의식구조' 범위에서 제외시키는 민족분열론이다. 그의 논리대로라면 높은 굴뚝을 사용하는 북방 한국인은 '한국인'에 속하지 않는다는 주장처럼 들리기 때문이다.

높은 굴뚝을 사용하는 북방 한국인과 낮은 굴뚝을 사용하는 남방 한국인을 모두 포괄한 기반 위에서 굴뚝 연구를 진행할 때에만 학자적인 자세라고 할 수 있을 것이다.

9. 의자와 좌식생활 그리고 민족문화형성

직립보행은 한낱 동물에 불과했던 인류를 만물의 영장으로 진화하게 한 결정적인 계기를 마련해 주었다.

그러면 직립보행이 어떤 기능적 과정을 거쳐 인류가 미물에서 영물로 진화할 수 있도록 추동했는지 과거로 돌아가 탐구의 초점을 맞춰보자.

(1) 직립보행으로 손과 발의 기능이 분화되었다. 손은 보행, 상체지지의 단순노역에서 해방되어 채집, 수렵, 도구제작 등 주로 손가락을 움직이는 정교한 동작만을 수행하도록 기능화되면서 두뇌발달을 촉진했다. 다리는 ∠의 둔각 형태에서 |의 수직 형태로 곧아지며 신장이 늘어났다. 4족足 보행 시의 두뇌충격지수는 절반으로 감소되었고, 접지면接地面과 두뇌의 거리가 멀어지면서 충격이 훨씬 완화되었다.

(2) 횡와橫臥 보행 시에는 뇌수가 항상 지표면 쪽으로 쏟아지고 걸을 때면 상하좌우로 흔들려 충격이 심했지만 직립보행으로 이행하면서 뇌수가 안전하게 수평을 유지하게 되어 충격이 완화되었다.

(3) 와행臥行 방식은 하늘을 등진 상태에서 접지接地 간격이 밀착되어 자연히 후각이 발달했고, 냄새로 먹잇감과 위험,

암컷 등의 위치를 판단했다. 그러나 몸을 일으켜 서는 순간 지면地面과 면부面部가 멀어지며 후각이 퇴화하고 시각이 발달하게 되었다. 시각 포착 범위의 확대는 거리의 차이 때문에 대상물의 모호함과 불확실함을 동반하게 되는데, 이러한 단점은 의식과 사고력을 작동하는 것으로 보완할 수밖에 없다. 사고력을 통한 판단기능은 지능발달에 이르는 첩경이었다.

(4) 엎드리면 수평의 대지와 평행선을 이루며 하늘을 등지지만, 일어서면 하늘과 땅 사이에 수직선을 그으며 비로소 천지인天地人의 결합이 이루어진다. 사람은 동물에서 분화

자금성 고궁의 황제용상
황제가 앉는 용상은 계단을 만들어 높게 안치한다. 이는 황제가 하늘과 가까이하는 천자임을 상징한다. 높이는 곧 권력을 의미하고, 의자는 이를 가장 잘 체현하는 건축적 장치이다.

한국 전통문화의 허울을 벗기다-한·중 문화 심층 해부

하여 하늘과 땅 사이에서 맥을 이어주는 존재로 급부상한
다. 그와 같은 우월감은 인간을 만물의 영장이라는 자긍
심을 불어넣어준다.

(5) 와행 시에는 동물과 다름없이 땅으로부터 흡입하는 기氣
인, 물리적인 힘에 의탁하여 서열과 권위가 수립되었지만,
직립보행 이후에는 하늘에서 내려받은 기氣인, 신神에 의
존하여 서열과 위계가 재편성된다. 이런 의미에서 서열과
권위는 곧 고저高低의 차이라고 할 수 있다.

높다는 것은 곧 하늘과 가깝다는 것을 의미한다. 고대 중국
의 황제들도 제천祭天행사를 거행할 때 높은 단을 쌓고 제사를
지냈으며 진시황도 태산에서 천제를 지냈다. 인간이 직립보
행을 하지 않았다면 결코 신의 존재를 창조해내지 못했을 것
이다. 신은 인간만의 점유물이다.

그러나 인류는 직립보행이라는 엄청난 혜택에 상응하는 비
싼 대가를 치러야만 했다. 그것은 바로 손(앞발)과 발이 분담
했던 중력을 발이 혼자서 전담해야 하는 고통이었다. 일어선
다는 것은 곧 중력에 대한 무모한 도전이었기 때문이다. 중력
에 대한 저항은 인체공학적으로 에너지 소모와 피로를 불러
온다. 장시간의 보행으로 적치된 피로와 에너지 소진은 충분
한 휴식과 수면을 통해 해소해야 한다. 그런데 휴식과 수면이
란 다른 것이 아니라 직립 상태를 포기하고 지면에 앉거나 누
움으로써 중력과 타협하는 것을 의미한다. 좌식과 와식은 육

신을 지면과 접촉하게 함으로써 중력에 대한 저항을 감소하고 안전을 도모하는 행위이다. 중력과의 마찰이 사라지는 순간 모든 육체적 긴장이 풀린다. 그와 동시에 정신적 긴장도 풀리며 두뇌활동이 정지된다. 이러한 상태는 밤에 수면을 취할 때에는 건강에 유익하지만, 낮에 휴식할 때에는 두뇌발달에 불리할 수밖에 없다.

한편 의자는 인체와 지면을 분리(혹은 간접 접촉)시킴으로써 육체는 휴식하지만 의식은 깨어 있는 상태가 유지된다. 인체가 지면에서 이탈하거나 혹은 지면으로부터 인체가 높은 위치에 있다는 것은 중력 작용이 진행 중이어서 항상 추락의 위험에 노출되고 불안한 상태가 지속될 수밖에 없어 긴장을 늦출 수 없음을 뜻한다. 좌식과 와식이 심신활동에 있어서 현재완료형이라면, 의자에 앉는 행위는 인체활동은 현재완료형이지만 의식활동은 현재진행형이라는 차이가 존재한다. 이는 두뇌발달 내지는 인체성장과 밀접한 관계가 있을 것으로 추정한다.

북방 기마민족인 흉노와 아프리카의 고대 이집트에서 의자가 발달한 점을 미루어 봐도 금시 이해가 된다. 흉노의 의자胡床와 기마 시에 앉는 말안장은 흡사한 점이 많다. 신체가 지면에서 이탈한다는 점, 다리를 수직으로 드리운다는 점, 발바닥을 중심점으로 균형을 유지(마상馬上에서는 편자, 의자에서는 접지)한다는 점이 그것이다. 말안장에 앉는 것이 습관이 된 흉노족은 이동 중 땅바닥에 내려서도 지면과 육체의 접촉을 피한

한국 전통문화의 허울을 벗기다–한·중 문화 심층 해부

다. 물론 우기雨氣나 습지와 같이 앉기에 불편한 초원지대의 조건 때문이기도 할 것이다.

이집트는 나일강 유역을 제외하고는 국토의 대부분이 사막으로 형성된 나라이다. 사막에서의 이동 수단은 낙타이다. 휴식할 때 뜨겁게 달아오른 모래 위에 앉으면 바닥의 열기 때문에 인체의 수분 증발이 가속화된다. 사막에서의 탈수현상은 곧 죽음을 의미한다. 낙타와 의자를 통해 사막과 인체를 분리시킴으로써 수분 증발을 예방했을 것이다.

유목민과는 달리 농경정착민족인 중국인들은 원래 의자 없이 지면에 다리를 부착시켜 꿇어앉아 생활했었다. 그런데 중국인들에게 의자가 전래된 것도 이동, 기마, 전쟁과 깊은 연관이 있다. 흉노족과의 오랜 공방전에서 수용한 것이었다. 이동이 많은 군사작전 수행 중 필요하면 아무 곳에나 의자를 놓고 휴식할 수 있었기에 조무령왕 한경제는 의자胡床를 도입했던 것이다. 그것이 나중에는 민간에까지 널리 보급되었다.

한족漢族이 좌식생활에서 의자에 앉는 입식생활로 전향한 결정적 계기는 밑이 트인 바지를 입다가 막힌 바지를 입기 시작하면서부터였다. 밑단을 봉한 바지는 이미 한대漢代 전후부터 입기 시작했다는 기록이 전해진다. 한경제가 호복胡服과 호상胡床을 좋아했다는 기록이 바로 그것이다. 송나라 때에 와서는 서민층에 이르기까지 전국적으로 보급이 되었다.

한국에 의자가 도입된 시기는 6·25 이후[42]라고 한다. 고구려 통구通溝 무용총 벽화에 탁자卓子와 다리가 긴 고배형기명高杯形器皿들이 나타나는 것을 이유로 당시 좌식과 입식생활을 겸하였다는 설도 있다. 그러나 고구려는 한사군에 귀속되었다가 나중에 독립한 국가인 만큼 당연히 한족漢族들의 의자를 이용한 입식생활방식이 고구려 상류층에 유행했을 것으로 간주된다. 고구려는 다민족국가였으므로 좌식생활을 한 민족은 고구려인이고, 입식생활을 한 민족은 여타 민족일 가능성을 배제할 수 없다.

이러한 가정은 고구려가 망한 뒤 건국한 고려에는 입식이 아닌 좌식생활방식에 적합한 마루와 온돌이 일반화되었던 사실에서도 설득력을 가진다. 극소수의 한화漢化된 지배층에서만 입식생활을 했을 것이다. 한인漢人들을 포함하여 입식생활을 했던 여타 민족들로 구성된 고구려 유민들은 그 땅에 남아 서서히 서로 동화되어갔음을 암시해준다.

고려시대 의자가 발달하지 못한 이유는 온돌과 마루가 급속하게 보급되었고, 이것들이 지면으로부터 상승하는 습기, 냉기, 음기를 차단해주어 별도의 차단 도구가 필요 없었기 때문이다.

고대인들이 관절의 중압과 통증 유발에도 불구하고 궤좌跪坐를 지속한 것은 가랑이가 터진 바지를 입었던 것과도 무관

---

42 『한국문화사대계』IV「풍속·예술사」, 高大 民族文化硏究所, 1970년 2월 28일, p.189.

한국 전통문화의 허울을 벗기다—한·중 문화 심층 해부

하지 않다. 이런 복식을 착용한 상태에서 의자에 앉거나 가부좌를 하면 하체가 노출되기 때문이다.

중국에서 한대漢代 전후에 가랑이를 막은 바지를 입었다면, 한국에서는 고구려인들이 위진남북조시대부터 입기 시작했다고 한다. 여기에 고구려 유적에서 발견되는 온돌들이 가부좌를 공고화하는 데 한몫했을 것으로 짐작된다. 그러니까 가랑이를 막은 바지를 입으면서 중국인들은 착의입식생활로 진입하고, 한국인들은 착의좌식생활로 진입한 결과를 초래했다고 할 수 있다.

이쯤 되면 좌식생활문화가 한민족에게 미친 문화적 영향에 대해 눈길을 돌리지 않을 수 없다.

인체공학적 원리로 가부좌(양반다리, 책상다리)를 분석해볼 때 건강, 심리, 인체발달 등에 미치는 부정적 영향이 적지 않음을 알 수 있다. 우선 몸의 체중이 허리와 엉덩이에 과집過集된다. 음식물 섭취량에 비해 운동량은 적어서 혈관이 발달하지 못한 엉덩이와 허벅지, 종아리 부위에 지방이 쌓인다. 지방 축적은 하체 비만의 주요 원인이다. 결국 좌식은 둔부, 복부, 허리, 허벅지 비만을 일으킨다. 또한 다리는 굵고도 짧으며 O자형이나 X자형으로 굴절되기 쉽다. 하체에 대한 중력의 압박은 노폐물 배출도 원활하지 않게 해 부어오르는 이상증세까지 나타난다. 엉덩이 비만은 이동의 불편을 초래하고, 허리 비만은 활동의 민첩성을 약화시킨다. 게다가 좌식은 와식과 쉽게 연결되어 사적인 공간에서는 누워 있기가 십상이다.

뿐만 아니라 좌식생활은 관절 건강에도 해롭다. 온돌에서 한번 일어나는 동작은 인체공학적으로 매우 힘들고 복잡한 과정이다. 먼저 한 손으로 구들을 짚고 팔로 상체를 받들어야 한다. 무게가 가벼운 쪽의 다리로 몸을 들어올리며 완전히 꺾였던 관절을 편다. 다른 팔로는 무릎을 짚어 상체를 받쳐야 한다. 이러한 일련의 동작은 매번 적어도 백여 근 이상을 들어올려야 하는 역학적 운동이다. 엄청난 에너지가 소모되고 관절이 마모되고서야 완성될 수 있다. 어린애나 노인, 환자들이 다른 사람들의 도움 없이는 이 동작을 수행하기가 무척 어렵다는 사실만 보고서도 그 정도를 짐작할 수 있다. 사실 인류는 바닥에서 일어나는 이 동작에 무려 몇십만 년이라는 시간을 허비해야만 했던 것이다.

심리상에서도 좌식과 와식은 권태, 안일, 무기력함, 피곤함, 의욕상실, 게으름 등 온전한 정신 상태를 무장해제하는 부정적인 작용을 한다.

이와는 반대로 한족漢族은 일단 입식생활을 함으로써 시야가 높아졌고 그에 따라 창문, 가구, 천장도 높아지며, 기가 잘 소통되는 확 트인 공간을 확보할 수 있었다. 의자에 앉으면 등받이에 의해 허리, 엉덩이에 집중되었던 체중이 분산된다. 허벅지와 종아리도 중력에서 해방되어 수직으로 드리우며 안정된 자세를 취할 수 있게 되었다. 그 결과 둔부와 허리 비만이 줄어들었다. 한국인이 상체는 왜소하고 하체가 비만인 반면, 중국인들은 의자 덕분에 균형이 잡힌 몸매를 소유할 수 있었

한국 전통문화의 허울을 벗기다-한·중 문화 심층 해부

다.

뿐만 아니라 입식생활에서는 정신이 항상 맑게 깨어 있기에 신경이 느슨해지거나 긴장이 풀리지 않는다. 한마디로 인간의 심신 건강 모두에 유익한 것이 의자생활이라고 할 수 있을 것이다.

의자의 또 다른 무시할 수 없는 특수 기능은 의자가 역사적으로 '권력의 상징'이었다는 점이다. 이집트 제18왕조시대의 투탕카멘 왕의 황금옥좌는 나무에 금박을 입힌 조각과 보석으로 호화롭게 장식한, 최고 권력자만이 누릴 수 있는 권력의 상징물이었다. 당시 의자는 왕후장상들이나 사용할 수 있는 재력과 권위의 상징으로, 등받이나 팔걸이의 유무 또는 높이 등에 의해 신분의 상하를 구별했다고 한다. 예로부터 높이는 곧 권력을 상징했다. 높다는 것은 곧 하늘, 즉 신과 가까워짐을 의미하기 때문이다. 신과 교감할 수 있는 자는 곧 권세자였다.

투탕카멘
(Tutankhamen)
왕의 황금옥좌
이 황금 의자는 이집트 제18왕조의 번영과 부귀영화를 대변해줄 뿐만 아니라 국가체제가 강력한 권력기반 위에 수립되었음을 대변해주고 있다.

중국에서도 높은 곳을 상上이라 칭하고 하늘의 신과 연결하여 신성시했다. 종교적 권력도 의자와 함께 발달해왔다. 고대 이집트는 사막지대였고, 중원은 황사가 휘몰아치는 황토대였다. 그 땅에서 높은 곳은 곧 생존 그 자체를 의미하는 것이기도 했다.

이처럼 권력은 곧 장소이고 방위이며 높이이다. 의자는 이 세 가지 기능을 다 갖추고 있다. 그리하여 의자의 형태나 높이는 그대로 공동체 내에서 위계를 표시한다.

고대 한국사회가 권력체제의 확립이 불완전했던 까닭도 다름 아닌 이 의자의 사용이 없었던 역사적 현실과 연관이 있는 건 아닌지 의문이 생긴다. 중국인들이 의자에 의해 원활한 신체성장발달과 강력한 권력시스템을 구축했다면, 한국인은 온돌에 가부좌를 하고 방 구석에 들어앉으면서 신체의 성장발달에 장애가 생기고 진취성이 결여되고 소극적인 성향이 배태되어, 완벽한 권력에 입각한 강력한 국가체제를 건립하지 못했다고 단언한다면 지나칠까. 하지만 일고의 가치도 없는 말은 아닐 것이다.

온돌과 좌식생활. 이는 세계 역사에서 아무런 업적도 남기지 못한, 우유부단한 한민족을 만들어낸 빈약한 문화 자궁이었다.

10. 대칭과 비대칭—그 문화적 의미

한옥과 사합원의 특징 중에는 또 한가지 가옥구조상 대칭과 비대칭이라는 확연한 차이점이 존재한다. 본래 가옥은 도처에 도사리고 있는 불안한 자연 속에 경계를 그어 안전한 영역을 확보함으로써 탄생한 휴식공간이다. 사합원은 이 공간에 대칭의 원리를 도입하여 균형을 이루었고 그 균형이 다시 안전을 제공하여 완벽한 휴식공간을 조성할 수 있었다. 안전은 휴식의 필수조건이다. 건축물에 대칭원리를 적용한다는 것은 곧 안전장치를 도입하는 것이나 다름없다.

그런데 이런 유효시설을 거부한 한옥의 비대칭성에 대해 국내 학자들은 찬사를 아끼지 않고 있다.

자연은 자신을 드러낼 때 정제된 모습이나 대칭적인 모습으로 나타나지 않는다. 오히려 비대칭적이고 엄격하지 않으며 예측되지 않은 모습으로 나타난다. 반면 인위성 안에는 엄격한 질서가 있을 뿐만 아니라 다소라도 일탈하는 것을 용인하지 않는다. 모든 것이 정해진 규율에 맞게 짜 맞추어져야 하고 정해진 대로만 해야 한다. 한국인들은 이런 걸 싫어한다. 익살을 부려서는 안 되는 뜻밖의 상황에서도 익살을 부리고 또 파격적인 일탈을 작품 속

에 반영시키기도 한다. [43]

최준식은 한걸음 더 나아가 한옥의 이러한 '파격적인 미'가 원천적으로 한국인에 내재되어 있는 무속신앙에서 비롯된 것이라고 주장한다.

우선 자연이 스스로를 비대칭의 모습으로 현현한다는 말부터 타당성이 결여되어 있다. 자연의 정수라고 할 수 있는 생물체는 모두 고도로 정밀한 대칭으로 자신을 드러내고 있다. 지능이 발달한 인간과 동물은 말할 것도 없고, 의식이 없는 식물도 대칭성을 분명하게 현시한다. 꽃, 나뭇잎, 씨앗, 열매와 같은 식물의 핵심 부분은 모두 대칭을 이루고 있다. 정교하고 완벽한 대칭은 아름다움의 시원이다. 아직 인류의 능력이 자연을 정복할 만큼 성장하지 못했던 고대사회에서는 대칭이야말로 최고의 아름다움이었다.

영국 BBC방송의 10월 10일 보도:

연구 결과에 따르면 사람들은 대칭미를 더 선호하는 것으로 나타났다. 스코틀랜드 스털링대학(The University of Stirling)의 연구자가 영국인과 탄자니아의 하자라족(Hazaras) 사람들에게 부동한 모습의 얼굴을 보여주고 이에 대한 선호도를 비교 분석한 결과이다. 비록 인종과 문화가 다르지만 영국인과 하자라족은 모

---

43 『한국인은 왜 틀을 거부하는가?』, 최준식, 소나무, 2002년 2월 16일, p.144.

한국 전통문화의 허울을 벗기다–한·중 문화 심층 해부

두 비대칭의 얼굴을 싫어한 반면 대칭의 얼굴은 누구나 좋아했다. 연구자는 대칭미를 좋아하는 것은 전 세계의 공통적인 '심미법칙'이라고 주장했다. 그렇다. 생활 속에서 사람들은 확실히 대칭미를 좋아하지만 '비대칭'에 대해서는 언제나 거부감을 나타낸다. 많은 사람들이 아나운서나 배우들의 얼굴이 균형이 잡혔는가에 대해 관심을 보인다. 당신이 만일 길을 걷다가 한 아가씨의 눈매가 호수같이 그윽한 느낌이 들어 다시 한 번 유심히 쳐다보았을 때 한 눈은 크고 다른 한 눈은 작다면 금시 시선을 돌려버릴 것이다. 인간은 왜 이토록 대칭미를 사랑할까? 우선 진화심리학적 관점에서 비교 해석해보자. 인체는 세포분열로 발달하는데 만약 매 차례의 세포분열 때마다 진행이 완벽하다면 인체 좌우 양 측면의 균형을 유지할 수 있을 것이다. 대칭을 이루는 인체와 균형 잡힌 이목구비는 건강함을 의미하기도 한다. 이러한 관점은 자연스럽게 대칭과 균형에 대한 호감을 유도하게 된 것이다. 이 밖에도 대칭미는 즐거움을 유발한다. 이러한 즐거움은 내면 깊은 곳으로부터 만족감을 얻게 한다.[44]

---

44 『生命時報』, 2007년 10월 23일, 第09版 제목 「人们偏爱对称美」, 북경대학 심리학부 박사 陈侠.

비대칭을 아름다움의 영역에 밀수입하기 시작한 것은 현대의 일이다. 일부 예술가들의 전통적 대칭미에 대한 저항운동으로 태어난 창작 풍조이다. 한옥을 배태한 자궁인 고려시대는 물론이고, 성장 발전기인 조선시대 전반을 거쳐서도 이런 비대칭의 미는 상상조차 할 수 없는 일이었다.

중국의 민가들이 남북 방향으로 이어진 축선에 따라 대칭구도를 형성한 것은 균형에 의한 안정감 획득과 평야지대의 특성으로 모호해진 방위를 잡는 근거로 삼기 위해서였다.

그렇다면 한국 민가의 비대칭의 원인은 무엇일까?

고구려에 들어서자 이전과는 다른 새로운 양식의 목조건물들이 나타나기 시작하였다. 그것은 중국의 화남지방에서 성행하던 목조건물양식의 영향을 받아 나타난 양식이며, 일반적으로 주심포집이라고 불리는 주심포양식柱心包樣式이다. 또한 이 시기 말에는 중국 중원이 몽고에 의해 점거되자 원래 중국 화북지방에서 성행하던 또 하나의 새로운 건축양식이 고려와 원의 교류를 통하여 고려에 도입되었으며, 그것이 일반적으로 다포집이라고 불리는 다포양식多包樣式이다. 이들 새로 도입, 정착된 두 양식의 건축은 우리나라 근세의 목조건물을 양분할 만큼 성행하였으며, 현존하는 우리나라 고건물 가운데 특히 권위적 건물의 대부분을 차지하게 되었다. 새로운 건축양식인 주심포양식이 고려에 들어오게 된 것은 중국 대륙의 전체 변화와 관련된 것으로 보인다. 12세기 송宋이 금金의 압박으로 중원에 쫓겨 남쪽의 임안臨按으로 도읍을 옮

겼으나 고려는 남송과의 교류를 계속하여 송의 상인들의 고려 출입도 여전하였다. 이러한 과정에서 중국 화남지방에서 성행하던 한 새로운 건축양식이 우리나라에 들어온 것이라고 생각한다.[45]

이처럼 다른 모든 문화가 그러했듯이 한옥의 건축양식도 중국 건축의 특징들을 고스란히 답습하고 있는데, 대칭구조를 이루는 사합원과는 달리 비대칭을 이루고 있어 의문이 눈덩이처럼 커질 수밖에 없다.

단도직입적으로 말해 한옥건축에서 대칭구도가 무시된 것은 '질서로부터의 일탈을 꾀하는 한국인의 성향' 때문이 아니라 온돌의 설치 때문이다. 대칭은 수직축선에 의해 양분된 좌우의 동일성에 의해 조성된다. 가옥이 남향일 때 가옥의 대칭축선은 당연히 남북 방향으로 놓이게 마련이다. 그런데 온돌구조인 한국 민가에서는 설사 남향이라 할지라도 부엌과 온돌 그리고 굴뚝으로 이어지는 또 하나의 실축선이 그어지게 된다. 남향집일 경우의 남북축선은 동서 방향으로 교차되는 온돌축선에 의해 기존 대칭이 무효화된다. 그런데 부엌과 굴뚝의 위치는 풍향과 풍수설에 입각해 지형에 따라 가변적이어서 부엌—온돌—굴뚝을 관통하는 축선은 일정한 방위조차 없는 상황이다.

---

45 『한국사』 21, 탐구당, 국사편찬위원회, 1973~1977년, p.367.

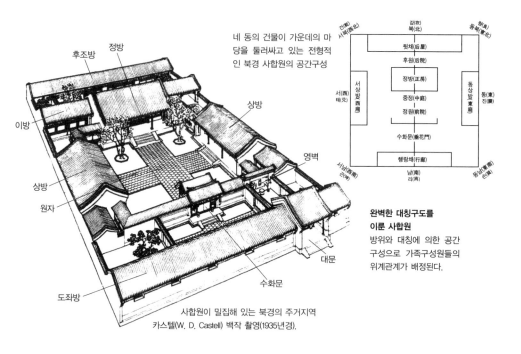

네 동의 건물이 가운데의 마당을 둘러싸고 있는 전형적인 북경 사합원의 공간구성

건(乾) 서북(西北)	감(坎) 북(北)	동북(東北) 현(炫)
서(西) 태(兌)	서상방(西廂) 후원(后院) 정방(正房) 중정(中庭) 정원(前院)	동상방(東廂) 동(東) 진(震)
서남(西南) 곤(坤)	수화문(垂花門) 행랑채(行廊) 남(南) 리(离)	동남(東南) 손(巽)

완벽한 대칭구도를 이룬 사합원
방위와 대칭에 의한 공간 구성으로 가족구성원들의 위계관계가 배정된다.

사합원이 밀집해 있는 북경의 주거지역
카스텔(W. D. Castell) 백작 촬영(1935년경).

부엌은 양택삼요陽宅三要의 하나로 옛날부터 그 위치와 방위를 매우 중시하였다. … 부엌이 어느 위치에 있느냐에 따라 그 집의 음식 맛이 달라진다는 말이 있을 정도다. 그 부엌의 위치와 형태는 가족들의 건강과도 밀접한 관계가 있다고 한다. 나무나 연탄을 사용하여 취사와 난방을 했던 시절에는 불이 잘 타도록 풍향을 고려해서 부엌의 위치를 정했다. 불의 강도에 따라 음식 맛이 달라지므로 부엌의 위치나 음식 맛은 관련이 있다 하겠다. 또 난방을 나무와 연탄으로 하기 위해서는 무엇보다도 부뚜막의 화기가 집 안 전체로 골고루 퍼져나가도록 바람의 방향을 고려, 그 위치를 선정했다. 불이 아궁이로 잘 들어야 난방도 잘 되고 습기가 제

한국 전통문화의 허울을 벗기다–한·중 문화 심층 해부

거되어 식구들이 건강한 생활을 할 수 있기 때문이다. … 불은 산소를 필요로 한다. 동시에 음식물을 조리하면서 많은 연기를 배출하므로 산소의 흡입과 연기의 배출이 용이한 장소가 되어야 한다.[46]

주방은 우선 실내 중앙에 있으면 안 된다. 실내 중앙은 기가 집중되는 곳이므로 … 현관문이나 화장실 옆에 있는 것도 좋지 않다. 현관문에 들어서자마자 부엌이 마주 보이면 부정한 기운이 음식물에 들기 쉽다. … 햇볕이 많이 드는 남서쪽은 부엌의 방위로 부적절하다. 남서쪽(곤방坤方)은 오전에는 서늘했다가 오후에는 햇빛이 길고 강력하게 비추므로 온도 차이가 심하여 음식물이 쉽게 부패한다. … 대개 주방이 들어서기 알맞은 방위로는 신선한 산소의 유입이 용이한 동쪽(진방震方), 북쪽(감방坎方), 북서쪽(건방乾方)이라고 한다. 그러나 이 방위에 맞춰 부엌을 설치하기가 쉽지만은 않을 것이다.

중국에서 생성한 풍수설은 온돌과는 아무런 연관도 없다. 장풍득수藏風得水도 장풍, 즉 자연 기氣의 부정한 광기를 죽여 바람을 순하게 만든 연후에 건물 내에 유도, 유통시키는 데 대한 이론이다.

한편 대칭이란 상하 좌우의 인위적 방위를 설치하여 가족 내의 서열과 위계를 배정하기 위한 건축학적 수단이다. 사합

---

46 『藏風得水(風水)』 제9장 「양택가상학」, 吳心竹.

원에서는 높은 담장, 특설 영문, 높은 천장을 이용하여 밖의 부정한 기를 다스리고 넓은 마당을 용기로 삼아 채광을 수렴한다. 각각의 건물 배치도 기와 채광의 유입, 흐름, 방향, 거리에 의해 정렬된다. 그 목적은 방위를 통한 서열과 위계의 구획에 있다. 밖에서 유입된 다스려지지 않은 기와 거리가 멀수록 서열이 높은 가족구성원의 거처가 배정된다. 대문에서 거리가 가장 먼 남향 방(정방)은 가장 순화된 부드러운 기가 닿는 곳이며, 동시에 채광량이 가장 충족한 장소이기도 하다. 햇빛은 종일 집 안을 비춘다. 그리하여 정방은 가족성원 중 서열이 가장 높은 일인자의 주거공간으로 할당된다. 태양이 떠오르는 동쪽은 상서로운 방위로 인정되어 장자와 맏며느리가 기거하는 반면, 해가 지는 서쪽 상방은 딸들의 규방이다. 동서양쪽 상방 역시 대문과 거리가 멀수록 서열이 높아진다.

앞에서도 언급했지만 대칭은 남북축선과 동서보조축선에 의해 생성하며, 그 목적은 방위와 서열을 확정하기 위한 데 있다. 사합원이 이처럼 방위와 서열에 집착하다보니 뜻하지 않은 결과를 초래하는 경우도 빈발한다. 상서로운 동쪽 상방은 서열이 서쪽 상방보다 우위이지만, 채광 시간은 동향 건물인 서편 건물보다 적다. 화북지역에서 동상방은 일조량이 적고 겨울에는 차가운 서북풍을 마주하여 사람이 거주하기가 불편할 정도이다. 이런 원인으로 섬서陝西 사합원은 동상방을 곡물 저장고나 또는 마구馬廐로 사용하기도 한다. 이런 현상은 건축시에 방위와 서열에 과잉 천착한 결과로 초래된 것이라 할 수 있다.

중국인들이 건축에서 서열과 위계에 얼마나 신경을 썼는가는 부속건물들의 높이 차이에서도 엿볼 수 있다. 소유의 건물 중 정방이 가장 높고, 동상방은 서상방보다 두 치(寸) 정도 단을 높이거나 (석가장 사합원의 경우) 벽돌이나 기와 한 장씩을 더 얹어 차이를 둔다. 하인들이 거처하는 남쪽의 건물은 지붕을 한 쪽만 만들어서 신분의 차별을 둔다. 이처럼 중국 사합원이 방위, 서열, 위계에 치중하는 반면, 한옥은 온도가열조건과 부엌 위치에 치중한다.

한옥의 경우 낮은 담장과 과다한 창문의 설치 때문에도 그렇지만 자연 상태의 기를 길들인다기보다는 온돌가열의 최상 조건, 즉 부엌의 연소력 향상에 집중한다. 채광, 통풍 조건 못지않게 난방을 위한 연소 조건(풍향)이 건물 방향 선택의 중요 요소가 되는 원인이 여기에 있다. 사합원에서 방향 선택은 부엌의 방향과 불이 잘 드는 것과는 상관없이, 방위, 채광, 통풍 조건에 의해서만 결정된다. 그러니 지형만 허락한다면 십중팔구는 남향일 수밖에 없다. 물론 대칭을 이루는 축선은 남북 방향일 것이다.

그러나 한옥은 채광, 통풍 조건에 의해 양택을 한 경우에도 지세와 풍향의 변화에 의해 불이 잘 드는 곳에 부엌이나 굴뚝을 설치해야 하므로 방향 선택에 영향을 줄 수밖에 없다. 설령 채광, 통풍 조건을 충족시켰다고 해도 지세와 풍향을 거슬러 불이 잘 들지 않는다면 난방, 취사가 불가능해지므로 변경

운현궁 배치도
(출처: 역사기행운현궁)
건물공간구성이 전혀 대칭을 고려하지 않고 있다. 이는 지세와 온돌 그리고 연소조건이 건물 방향의 결정요소가 되기 때문이다. 방위와 대칭의 무시는 가족구성원들 간의 위계와 권력구조의 홀시와도 직결된다.

① 출입문(出入門)
② 수직사(守直舍)
③ 솟을대문(大門)
④ 노안당(老安堂)
⑤ 노안당 서행각(老安堂 西行閣)
⑥ 노락당(老樂堂)
⑦ 노락당 남행각(老樂堂 南行閣)
⑧ 대문채: 중문(中門)
⑨ 노락당 북행각(老樂堂 北行閣)
⑩ 이로당(二老堂)
⑪ 이로당 동행각(二老堂 東行閣)
⑫ 유물전시관(遺物展示館)
⑬ 화장실(化粧室)
⑭ 회랑(回廊)

될 수도 있다. 산간지대인 한반도는 대체로 산골에 마을이 있기에 다양한 지세와 변화에 따라 풍향도 변화무쌍하기 때문이다. 연소시설 방향과 채광, 통풍 방향이 배치될 경우 대칭원리는 파기될 수밖에 없다. 다시 말해서 한옥은 자체의 구조적 특성 때문에 사합원처럼 대칭을 이루어 남향, 서향, 동향 등 다양한 방위 개념의 건물들을 하나의 공간 안에 정렬할 수 없기 때문이다. 사합원은 건물 내에 온돌과 부엌이 없고 그 때문에 불이 잘 드는 방향을 선택해야 할 필요도 없다. 주방은 별도로 설치되어 있고, 난방연소가 아닌 조리연소 작업만 하기에 연소력에 그다지 신경을 쓰지 않아도 된다.

하지만 한옥은 위계, 서열 구분을 위한 대칭구도의 건물을 지으려고 해도 순풍 방향이 아닐 경우 포기할 수밖에 없는 온돌구조이다. 대칭을 이루려면 불이 잘 드는 풍향과는 상관없이 하나의 공간에 남향, 동향, 서향 건물을 축조해야 하지만, 부엌의 위치가 풍향에 의해 결정되는 한옥건축에서는 전혀 불가능한 일이기 때문이다. 결국 한옥의 건물 방향을 선택하는 것은 온돌과 부엌에 의해 최종 결정된다고 해도 틀린 말은 아닐 것이다.

한옥은 온돌문화 때문에 건축에서의 대칭구도를 상실했다. 서열과 위계를 확립하지 못하여 가족 내의 기강 수립은 물론이고 강대국가 건설도 성취하지 못했다. 온돌은 한국인에게서 모든 역사적 영광과 건강은 물론 민족 성격 형성과 심리적인 발달의 정상적인 절차를 무시해버렸다.

한마디로 온돌은 한국인에게 독약이었다.

제2장
음식문화 담론

음식문화 하면 가장 먼저 논의 대상으로 부상하는 것이 영양분 섭취일 것이다. 음식물은 신체성장과 두뇌발달 그리고 운동을 하기 위한 에너지를 제공하고, 생명의 지속성을 담보하는 주요 에너지 공급원이다. 인간은 음식물을 섭취하지 않고는 단 한 달도 살 수 없다. 『한서漢書』「식기전食其傳」에도 "백성들이 하늘처럼 여기는 것은 식량이다.(민이식위천民以食爲天)"라는 기록이 남아 있다. 식량과 먹는 것이 비단 백성에게만 중요한 것은 아닐 것이다.

영양분 섭취는 지역과 민족의 차이로 인한 각이한 식재료의 종류에 따라 다를 수밖에 없다. 구운 밀가루 음식에 육식을 좋아하는 서양인과 면식麵食에 기름요리를 즐기는 중국인 그리고 쌀밥에 국물을 주로 먹는 한국인 사이에는 체형, 근육발달, 지력상수 등 여러 가지 면에서 문화적인 타성을 초래할 수밖에 없다. 이러한 신체적인 조건은 민족의 흥망성쇠와 국력에도 홀시할 수 없는 영향을 미친다.

음식문화의 포괄적 의미는 단순히 체내에서 요구하는 영양분 섭취에만 한정되지 않는다. 식재료의 종류가 신체성장, 두뇌발달과 연관이 있다면, 식사양식은 특정 민족이나 공동체의 정서와 심리, 예술과 철학의 발전과도 밀착되어 있다. 대화소통과 정서 교감이 가능한 입식식사공간과 발달한 차 문화를 가진 중국인들은 이 특유한 식사양식 덕분에 예술과 철학을 발전시키고 그 전통이 면면히 전해내려오게 할 수 있었다. 쌀밥과 국물식사와 숭늉문화로 인해 대화 소통과 정서 교감이

한국 전통문화의 허울을 벗기다-한·중 문화 심층 해부

봉인된 식사양식을 영위하는 한국인은 상대적으로 예술과 철학 등 지성사 면에서 낙후성을 띠고 있음을 알 수 있다.

본 장에서는 한국의 고유한 음식문화를 중점으로 하여 중국의 전통음식문화와의 비교를 통해 음식문화가 한중 두 민족에게 미친 문화사적 영향에 대해 심도 있게 논의하고자 한다.

1. 젓가락과 숟가락의 문화적 비교

한중일 삼국의 수저문화에서 현재까지도 숟가락을 사용하는 나라는 한국뿐이다. 일부 학자들은 이 점을 대서특필하며 의미를 확대 해석하기에 안간힘을 쏟고 있다. 그러나 젓가락과 숟가락 문화를 면밀히 고찰해보면 숟가락 문화가 젓가락 문화보다 우월하다고 단정 지을 만한 충분한 이유가 없음을 알게 된다.

자료에 의하면 기원전 6~7세기경으로 추정되는 함북 나진 초도에서 발견된 골제숟가락이 한국에서 가장 오래된 숟가락이라고 전해지고 있다. 숟가락의 길이가 11㎝, 너비 5.7㎝, 총 길이 28㎝이다. 숟가락이라기보다는 주걱에 가깝다. 서기전 1,000년쯤의 청동기 유적에서도 출토되었다. 아무튼 숟가락은 고려시대에는 길이가 길어지고, 조선시대에는 숟가락의 면이 넓고 둥글어짐과 동시에 숟가락자루가 직선 형태로 곧아져

신라 수저(좌)와 고려 청동 숟가락(우)
(출처: 경주박물관)
숟가락은 온돌좌식생활이 일반화된 고려시대부터 보편화되었을 것으로 추정된다.

한국 전통문화의 허울을 벗기다-한·중 문화 심층 해부

갔다.

젓가락은 그보다 시기가 늦은, 공주 무령왕릉에서 출토되었다. 한국이 식사에 수저를 함께 사용한 것은 삼국시대부터라고 한다.

한편 중국도 춘추전국시대부터 수저를 함께 사용했다. 시대가 흐르면서 숟가락 사용은 점차 사라져갔다. 중국에서 언제부터 숟가락을 사용하지 않았으며 그 원인이 무엇인가에 대해서는 학자들마다 주장이 서로 각이하다. 당나라 이후 차를 마시는 습속이 급속히 민간에 전파되면서 국물이 있는 음식 섭취가 줄어들었기 때문이라고 보는 사람도 있고, 명나라 때 화북지방에서 남방의 쌀밥을 먹을 때부터 숟가락 사용이 사라졌다는 주장도 만만치 않다.

송나라에서 원나라에 이르는 시기에는 화북지방 사람들이 조밥을 먹을 때 숟가락을 사용했다. 그런데 명나라에 들어와 장강 이남에서 재배되던 쌀이 화북지역에서도 재배되기 시작했다. 쌀로지은 밥은 이전의 조밥에 비해 차졌다. 그래서 숟가락보다 젓가락으로 먹는 게 훨씬 편했다.[47]

중국 학자들의 견해에 의하면 숟가락 사용의 퇴화는 국물 섭취의 위축과 차진 쌀밥의 등장이 그 원인이다.

---

47 周達生, 중국 학자, 『한국 숟가락의 비밀』.

한편 주영하는 숟가락 사용의 원인을 그릇과의 관계에서 해명하고 있어 그 견해가 돋보인다.

고려시대 청자와 조선시대의 백자는 식기로도 사용했다. 열전도율이 비교적 높고 무거운 편인 이 식기를 손으로 들고 식사를 할 수는 없다. … 도자기의 유기는 모두 무겁고 열전도율이 목기에 비해 높다. 무거운 식기를 들고 먹을 수는 없었다. 더욱이 밥은 지금의 세 배에 이를 정도로 많이 먹은 데다가 지금처럼 차진 밥도 아니었다. 그러니 숟가락이 반드시 요구됐다. 여기에 주자의 가례를 비롯한 주나라 때 식사 풍속을 흉내 내어 밥과 국을 반드시 갖추어야 하는 일상식사의 '세트'로 생각했다. 거의 탄수화물 덩어리인 밥을 유기로 된 숟가락으로 떠서 입에 넣고, 짠 국물을 입에 떠 넣으면 맛도 있고 입에서 넘기기도 좋았다. … 연암 선생의 표현처럼 숟가락으로 밥을 둥글둥글하게 뭉쳐 머리를 푹 숙이고 밥을 먹어야 했다. 국물을 먹을 때에는 머리를 더욱 숙여야 했다. 탄수화물이 많이 함유된 음식을 효과적으로 먹기 위해 국물이 많은 음식이 개발, 이에 맞춰 숟가락은 효과적인 식사도구로 자리를 잡았다.[48]

무거운 도자기그릇과 유기그릇은 열전도율이 높아 들고 서서 식히기에는 불편하지만 상에 놓으면 움직이지 않아 편리하

---

48 『음식전쟁, 문화전쟁』「중국인 중국음식」, 주영하, 사계절, 2000년 2월 25일.

한국 전통문화의 허울을 벗기다－한·중 문화 심층 해부

다. 이는 구들에 가부좌를 하고 좌식식사를 하는 한국인들에게는 너무나 잘 어울리는 그릇이라 할 것이지만, 의자에 허리를 곧게 펴고 앉아 식사를 하는 중국인들에게는 불편할 수밖에 없다. 숟가락에 담는 밥의 양이 많고 국물은 쏟아질 우려가 있기에 반드시 허리를 구부리고 고개까지 숙여야 먹을 수 있는데 이런 동작은 온돌에 앉았을 때는 용이하지만 걸상에 앉았을 때는 어려운 것이다. 중국인들은 예로부터 밥그릇을 들고 자리를 옮겨 다니면서 먹는 습관이 있다. 국물음식이 거의 없어 들고 다니기에 적당한 작은 그릇을 맞추었는데 그 작은 그릇에 밥을 담으면 금방 열이 발산되어 뜨겁지도 않다. 이에 걸맞게 명대明代에는 밥공기와 접시와 같은 식기가 발달했다.

사실 중국의 남방 쌀은 인디카indica[49] 계통의 남방미여서 자포니카[50]에 속하는 한국 쌀보다 찰지지 못하다. 인디카 쌀은 아밀로스 함량이 25%인데, 자포니카 쌀은 17~20%이다. 아밀로스 함량이 적을수록 찰기가 많다. 중국 남방의 쌀과 같은 인도형 종류의 베트남 쌀밥은 도저히 젓가락으로 식사할 수 없어 손으로 덩어리를 만들어 먹는다. 그럼에도 불구하고 화북지방에서는 쌀밥식사가 숟가락을 사용하지 않는 원인제공을 한 셈인데, 그보다 훨씬 찰진 쌀밥식사를 하는 한국인이 숟가락에 대한 미련을 버리지 못한 까닭은 온돌에 앉아서 식

49 알갱이가 길고 가느다란 장립형으로, 풀기가 없고 입으로 불면 훌훌 날아갈 것처럼 푸석거린다. 일명 안남미라고도 부른다.
50 둥글고 짧은 단중립형으로 끈기가 있다.

사함으로써 가능해진, 바로 이 무겁고 열전도율이 높은 식기와 뜨거운 국물의 다량 섭취 때문이었을 것이다. 게다가 또 다른 수분 섭취의 경로인 차茶문화가 중국이나 일본에 비해 발달하지 않아 국물로만 수분을 보충해야 했다.

중국에서의 식사는 곧 가족 간의 대화가 이뤄지는 시공간이기도 하다. 우선 젓가락을 사용하면 식사 시 허리를 곧게 펴고 시선을 수평으로 유지할 수 있어 상대방과의 시선 교감이 가능하다. 다음으로 입에 넣는 음식물의 양이 적어 씹는 시간이 적고, 뜨겁지도 않아 먹으면서도 말을 하기가 용이하다. 젓가락은 음식물을 조금씩 덜어내므로 이동 중 열을 분산시키지만, 숟가락은 열을 그대로 고스란히 운반한다. 그러나 한국식 숟가락 식사는 술목이 부러지도록 재워서 밥을 떠야 하고, 국물을 흘릴 우려 때문에 허리와 고개를 한껏 숙여야 하므로 시선이 바닥에 떨어질 수밖에 없다. 밥을 눌러서 담거나 국물을 떠서 입으로 가져오는 동안 낙식을 방지하기 위해 시선을 숟가락에 집중해야 하며, 만일의 경우를 대비해 숟가락 밑에 손까지 바쳐서 옮겨야 한다. 입 안에 넣은 뒤에도 양이 많아 밥알이나 국물이 튕겨 나와 말을 할 수가 없다. 양이 많은데다 뜨겁기까지 하여 자칫 구강 화상의 우려도 없지 않아 각별히 신경 써 조심해야 한다. 게다가 동방예의지국이라는 허영심에 들떠 뜨거워도 후후 입김을 불어 식히거나 쩝쩝거릴 수조차 없다. 이러니 식사가 진행되는 동안 가족 간의 대화는 상상조차 할 수 없는 것이다. 결국 숟가락식사는 그 목적이 먹는

데에 그치지만 젓가락식사는 그 목적이 가족 간의 정감 교류와 대화에 더 큰 비중을 두고 있음을 알 수 있다.

대화는 두뇌발달과 직접적인 관계가 있다. 말을 하려면 발화 내용을 머릿속에서 생각해야 하고, 문장을 엮어야 할 뿐만 아니라 의식의 회로를 작동하여 상대방이 제공한 정보를 제때에 분석, 판단하고 적절한 대응수위를 조절해야 한다. 이는 사고력, 판단력, 분석력, 논리력 및 화술話術의 향상과 세련에 도움이 된다. 아울러 가족 간의 우애를 다지는 데도 일조한다. 숟가락은, 식사공간을 대화공간으로 활용하여 총명과 지혜를 겸비한 지적 인간으로 한국인을 업그레이드할 수 있는 절호의 기회를 단순한 역학적인 식사동작으로 매장해버리고 말았다. 한마디로 숟가락은 한국인을 먹는 데만 걸신 들린 식충, 대식가, 밥통으로 전락시켰다.

젓가락은 다섯 손가락을 모두 움직여야 사용할 수 있다. 젓가락 사용은 고난도의 기술동작이라 해도 과언이 아닐 만큼 정교한 수동작업이다. 반면 숟가락을 사용할 때에는 손가락으로는 단지 잡는 동작만 하며 정지 상태에서 손목과 팔만 움직인다. 젓가락 사용에서는 손가락들의 협력에 의한 절묘한 기교가 필요하다면 숟가락 사용은 손목과 팔의 힘이 필요할 따름이다.

주지하다시피 손가락 동작과 지능발달은 밀접한 연관이 있다. 특히 엄지와 집게손가락의 사용은 언어표현능력에 직접적 영향을 미친다. 신체기관을 관장하는 대뇌의 기능 중 손을

연음도
(당나라, 「중국주사대
전(中国酒事大典)」 황
하출판사, 2002년)
섬서성장안현위씨(韋
氏) 가족 무덤에서
출토된 연음도(宴飮
圖)이다. 식탁의 오른
쪽에 젓가락이 놓여
있음을 볼 수 있다.

사천성에서 출토된
동한시기 화상전(畫像
磚)의 연음도(宴飮圖)
중국에서 젓가락을
사용한 시기가 동한
까지 거슬러 올라감
을 알 수 있다.

한국 전통문화의 허울을 벗기다―한·중 문화 심층 해부

관장하는 부분은 전체의 3분의 1이 넘는다. 손은 대뇌의 명령에 의해 움직이고 손동작의 정보는 다시 대뇌로 송신된다.

따라서 손가락을 많이 움직일수록 대뇌가 활성화되고 명석해진다. 특히 젓가락을 사용하는 오른쪽 손가락의 움직임은 좌뇌의 발달을 촉진한다. 좌뇌는 언어, 논리, 사고력을 관장하는 부위다. 이런 이유로 한국인은 젓가락을 즐겨 사용하는 중국인에 비해 상대적으로 두뇌발달이 침체되었을 가능성도 배제할 수 없다.

젓가락의 사용은 대칭되는, 서로 독립된 막대의 타협과 역학적 관계를 통해 이루어진다. 타자와의 완벽한 관계유지가 전제조건이 된다는 뜻이다. 타자와의 협동이 없이는 아무 노릇도 할 수 없다. 중국인들이 얼마나 인간관계를 중시하는가를 젓가락의 사용에서도 엿볼 수 있다. 봉건사회에서 제국의 흥망은 전적으로 제후국(타자)들과의 관계를 얼마나 조화롭게 조율했는가에 달렸다. 국권이 중앙에 집중된 중앙집권제시대에는 이른바 오랑캐로 불리던 북방, 서방 소수민족들과의 관계를 잘 풀어나가는 것이 국가 존망의 열쇠였다. 그러나 이러한 협력과 역학관계는 어디까지나 수직적인 상하서열과 위계관계였다. 중국의 역사는 그야말로 국내는 물론이고, 이민족들과의 관계를 조율하는 데 모든 심혈을 쏟았던 타자와의 관계학의 역사였다.

반면 숟가락의 사용에는 타자와의 타협이나 관계에 의존하지는 않는다. 외적인 존재보다는 내적인 자체 균형에 집착한다. 그리하여 타자와의 관계 처리가 미숙할 수밖에 없다. 그것은 국가 외교나 타민족들과의 이해 충돌, 갈등, 전쟁 등에서 대응 미숙으로 항상 불이익을 당하게 되는 원인으로도 작용했을 것이다.

숟가락은 조금만 기울여도 음식물이 쏟아진다. 절대적 수평을 유지해야만 한다. 그러나 일단 타자가 개입하는 순간 수평은 깨어지기 십상이다. 가까스로 자국 내의 안정을 유지해 봤자 이방인이 개입하면 나라가 수모를 겪어야만 했던 비극적인 한국사와 너무나 닮아 있다.

2. 국물문화

이규태를 위시하여 일진의 학자들이 주장하는 고유의 국물 문화에 정말 그에 필적하는 가치가 존재하는지에 대한 논의를 하고자 한다. 하지만 이는 잠시 뒤로 미루고 우선 유독 한국인 만이 국물음식을 각별히 선호하게 된 원인부터 규명하는 게 순서일 것이다.

문화의 고유성은 인간의 지혜나 창의력보다는 그 민족이 처한 자연환경 특성에 의해 타민족과 변별된다. 한반도는 산 이 많고 평야가 적다. 채소 재배가 없던 삼국 시기에서 고려 초·중기까지는 산나물을 주로 식용했음을 쉽게 추정할 수 있다. 한국인이 많이 식용하는 고추, 호박, 완두, 감자, 고구 마 등 채소는 모두 17세기 전후 18세기에 걸쳐 유입된 것이 다. 고구마는 1763년 대마도에서, 감자는 1847년 중국에서, 옥수수는 1700년 중국에서 전래되었다. 콩나물과 녹두 나물 도 1800년 후기에 유입되었다. 통배추 김치의 발달은 배추가 전래된 1800년 후기인 조선왕조 말기부터 시작했다. 가지와 고추장도 고추가 들어온 1592년에 시작되었다.[51]

목화씨기름도 고려 말기에야 들어왔고, 서민층에 보급된 것 은 그보다 더 늦은 시기였을 것이다. 콩기름이 보급된 시기는

---

51 『한국문화사대계』IV 「풍속·예술사」, 高大 民族文化硏究所, 1970년 2월 28일.

근대 일제 강점기 말이었다. 일본은 명치시대에 진입해서야 서민층에까지 일반화되어 요리에 사용되었다. 서양은 화덕에 굽고, 중국은 시루에 찌거나 기름에 볶는다. 기름도 없고 재배하는 채소도 없었던 삼국·고려시대에는 집 주변에 흔한 산나물을 채집하여 식재료로 조리해 먹었을 것이 분명하다.

산나물을 채집하여 그대로 식용할 경우 건강에 해로운 성분이 포함되어 있으므로 반드시 먼저 끓는 물에 데쳐 제독除毒해야만 한다. 그런데 산나물은 식재료로 사용될 뿐만 아니라 상고시대로부터 병을 치료하는 약재로도 사용되었다. 약을 달일 때에는 건더기를 버리고 우러난 즙액만 복용한다. 맛이 쓰고 독성이 있는 푸새를 데우는 데서 달임이 시작되었을 것이다. 나물을 달인 즙액이 건강에 유익하다는 생활경험은 산나물을 끓인 국물을 버리지 않고 식용하는 과정에서 국물이 발달하게 되었을 것이라는 추측에 명분을 제공해준다.

중원은 평야가 많아 산나물이 귀하고 대신 채소 재배가 일찍부터 발전했다. 재배 채소를 식재료로 삼아 기름으로 요리할 경우 산나물 조리 때처럼 쓴맛이나 독을 제거하기 위한 데치는 과정이 필요 없게 된다.

한편 기름의 조기 식용 사용과 잦은 전란에 대비한, 신속한 이동을 목적으로 한 건량 발달도 국물의 보급에 제동을 걸었다. 산동의 대표적인 건량인 전병煎餅(지짐)은 무더운 여름철에 그냥 방치해도 한 달 동안이나 변하지 않는다. 한국의 건량은 중국에 가는 사신들이 휴대했던 구비糗糒(후량餱糧)인데 찹 쌀밥을 볕에 말린 것이다. 이 역시 물에 불려야 먹을 수 있다. 뜨거운 물에 불려야 한다. 장거리 이동 중에 길가에서 물을 끓여야 하는 복잡한 과정을 거쳐야

하므로 불편할 수밖에 없다. 물에 불리면 밥인데 밥은 반찬이 있어야 한다. 노천식사의 이러한 불편을 덜려면 어쩔 수 없이 살림집이나 객관에 들어가서 먹을 수밖에 없다. 그러나 전병은 파와 장만 있으면 걸으면서도 먹을 수 있는 식품이다.

"한민족이 외침이 잦아 쫓기면서 먹자면 탕반湯飯 형태로 후루룩 마셔버릴 수밖에 없다"는 이규태의 국물문화에 대한 주장은 설득력이 전혀 없어 보인다. 국은 부엌을 쌓고 솥을 걸어야 하며 불을 지피고 물을 끓여야 한다. 게다가 국물은 뜨거워서 단숨에 '후루룩 마셔'버릴 수도 없을 뿐만 아니라 그릇이 뜨거워 손으로 들 수도 없다. 상에 올려놓고 입으로 홀홀 불어 열기를 식히며 천천히 먹어야 하는 음식이다. 끊임없는 군벌 혼전으로 늘 피난길에서 식사를 해야만 했던 중국인들의 경우 국물이 아니라 전병과 같은, 풍찬風餐 가능한 건량을 휴대하고 다녔다.

온돌에 가부좌를 하고 뜨거운 국물을 천천히 먹으면서 침략을 당해도 방 안에 앉아서 당해온 한민족이다.

밥을 먹는 문화권의 80~90%는 밥에서 물기를 제거시켜 불면 밥알이 나는 제수반除水飯을 지어먹는데 우리 한국과 일본만이 밥에 물기를 함유시켜 진득한 함수반含水飯을 지어먹는다. 그도 성이 차지 않아 국에다 밥을 말아먹는 탕반은 세계유일문화인 것이다.[52]

대체로 우리나라의 국은 밥을 말아서 먹는 것을 전제로 한 것이다. 콩나물국, 미역국, 고깃국, 토장국, 근대국, 곰탕, 설렁탕, 쑥국 등.[53]

그야말로 '탕민족'이라 불릴 만하다.

중국에도 '허탕주喝湯族'라는, 국물을 즐겨 먹는 곳이 있다. 절강영파浙江寧波인들은 매끼 국이 빠지지 않는다. 광동, 강서인도 국을 잘 먹는다. 이들의 공통점은 모두 산간지대라는 것이다. 옛적에 산나물을 식재료로 했던 데서 연유했을 것으로 간주된다.

한국인의 '국물문화' 정착에 일조한 것은 불교의 영향도 크다고 봐야 할 것이다. 불교의 육식기피와 고려시대 도축금지령은 산나물 식용과 그에 따른 국물문화의 맥을 지속시키는 역할을 했다.

---

52 『한국인의 밥상문화』1 (알면 약이 되는 음식궁합), 이규태, 신원문화사, 2000년 2월 26일.

53 『한국요리문화사』, 李盛雨 著, 敎文社, 1985년 5월 10일, p.114.

삼국 및 통일신라시대에는 왕공王公, 귀인貴人이 아니면 돼지고
기를 먹을 수 없었다. 백성들은 해품海品을 많이 먹었다. 고려시
대에는 불교 영향과 도축금지령 때문에 도살법도 서툴고 목축술
도 유치했다.[54]

명나라 황제가 말하기를 조선 사람은 돼지고기를 먹지 않는
다.[55]

고려 말부터 원나라 덕분에 우육식이 재개되었지만 공출로
인해 그 수가 적어 고기 몇 점에 물을 한 솥 붓고 끓임으로써
요리보다는 육탕肉湯(국물) 쪽으로 육식도 발달했다.

기름요리가 발달한 중국은 과도하게 섭취된 체내의 지방을
분해시키기 위해 차 문화가 급속하게 보급되다가 전성기를 누
리던 당나라 때에 이르러서는 차 문화의 발달이 역으로 식생
활에 영향을 미쳐 국물음식이 줄어들도록 했다. 중국인들은
육류 섭취로 인해 축적된 지방을 차 문화를 개발하여 조절하
는 한편 인체에 필요한 염분은 육류를 통해 섭취했다. 북극의
에스키모인들은 소금을 전혀 먹지 않아도 건강하게 사는데 이
는 염분을 많이 함유한 물고기나 짐승을 주식으로 하여 간접
섭취하기 때문이다.

---

54 『한국식품문화사』, 李盛雨 著, 敎文社, 1984년 12월 15일, p.75.

55 『태종실록』.

그러나 식물성 음식이나 쌀에는 염분과 지방이 적다. 한국인은 부족한 염분을 장을 넣어 끓인 국물과 소금으로 절인 절임반찬에서 섭취했다. 한식에서 절임채소가 발달한 또 하나의 이유는 나물은 철이 지나면 채집할 수 없어 절이거나 말려야 오래 보관할 수 있기 때문이었다.

삼국시대 나물절임법

(1) 소금에 절인 것

(2) 소금이나 밥이나 국을 섞은 것에 절인 것

(3) 소금과 메줏가루를 섞은 것에 절인 것

등이 추정된다. 이러한 절임법으로 어패류, 수조육류, 산나물, 들나물, 밭 채소 중에서 염지에 견딜 수 있는 것을 모두 절였을 것이다.[56]

지난날 한국인의 재산목록 중 첫 순위는 쌀독과 소금독이었다. 소금은 국가에서 전매하여 통일적으로 관리할 정도로 중요한 생필품이었다. 고려시대의 구황식품은 메주와 소금이었는데 모두 염분이 많이 함유된 식품이다. 식물성 음식에서 섭취하는 염분은 동물성 식품에서 섭취하는 염분보다 소량일 뿐만 아니라 식물성 음식 자체가 염분을 필요로 하기 때문이다.

---

56 『우리나라 식생활 문화의 역사』, 신광출판사, 윤서석, 1999년 10월 15일, p.226.

국물에는 반드시 장, 간장, 소금과 같은 염분이 첨가된다. 그래서 국물 섭취는 곧 염분 섭취이다. 섬유질을 함유한 건더기보다 염분을 대량 함유한 국물을 많이 먹는다는 것을 의미한다. 한국의 간장, 된장의 역사는 어림잡아도 무려 1,300년이나 된다고 한다.[57]

장류를 가공하기 시작한 배경으로서 콩의 재배 사실과 발효식품 가공기술들이 필수 여건이 되는데, 앞에서도 언급하였듯이 콩은 청동기시대 유적에서 벌써 발견되었고 술빚기와 같은, 미생물을 이용하는 식품가공이 원시농경시대에 설치되고 있었다.[58]

장의 원료인 메주의 기록은 『삼국사기』 「신문왕」 편에 보인다. 신문왕이 김흠운의 딸을 왕비로 삼을 때(683년) 예물로 보낸 품목명세 속에 메주가 들어 있다. 고려 현종 9년(1018년)에는 굶주린 백성들에게 소금과 장을, 문종 6년(1052년)에는 개경 빈민 3만 명에게 메주를 내렸다는 기록이 전해지고 있다.

장류의 역사가 이토록 유구하다는 것은 염분 섭취의 필요성이 대두었던 역사도 그만큼 오래되었으며 이는 식물성 식품 위주의 식사로 인한 염분 섭취 부족 현상에 대한 대체식품이었음을 알 수 있다.

---

57 『한국문화사대계』 IV 「풍속·예술사」 高大 民族文化硏究所, 1970년 2월 28일 p.122
58 『우리나라 식생활 문화의 역사』, 신광출판사, 윤서석, 1999년 10월 15일, p.222.

이쯤 하면 국물문화와 인체건강의 관계에 대해 살펴볼 때가 된 것 같다.

식물성 식품 위주의 식사는 지방과 염분 섭취 부족 현상을 초래한다. 고대의 동물성 기름은 동물들이 자연산 풀을 먹고 성장하여 오메가3 지방산이 충분해 인체에 해롭지 않았다. 인체 내에서 지방질은 질병 예방 기능이 있을 뿐만 아니라 두뇌 발달과도 직결된다. 뇌구조의 60%는 지방으로 형성되었다고 한다. (Joseph R·Hibbeln 박사의 연구결과) 두뇌의 정상적 기능은 충분한 양의 지방 섭취가 전제되어야 한다. 정신질환자의 대부분이 지방 부족 현상이 나타난다는 연구결과를 봐도 두뇌에 미치는 지방의 중요성을 알 수 있다. 지방 섭취가 충족되지 못했던 한국인의 지능 진화 상황이 어떠했을지는 솔직히 생각하기조차 두려운 문제이다. 각자 스스로 알아서 상상하기 바란다.

국물을 많이 먹는 사람의 건강 역시 일부 학자들의 극찬과는 달리 타민족 음식문화와 비교하여 월등감을 느낄만한 유익한 결과는 없는 듯싶다.

국물식사는 건더기보다 수분 섭취가 많아 섬유질 섭취량이 상대적으로 줄어들게 된다. 또한 밥을 국물에 말아 먹으면 수분이 많은 상태로 섭취되어 음식의 절대량은 줄어들고 수분에 의해 소화 작용이 방해를 받기 때문에 흡수율이 감소돼 금방 배가 고플 수 있다.

최초의 조사결과에 따르면 한국인들은 섬유질 섭취가 하루 권장량 20~35g에 못 미치는 15~20g에 불과한 것으로 나타나고 있다.[59]

소화되지 않고 배설되는 섬유질은 인체 건강에 반드시 필요한 식물 성분으로서 하루에 20~35g을 권장하고 있다. 섬유질은 물에 용해되는 수용성 섬유질과 비수용성 섬유질로 분류된다. 장내腸內의 불결한 장독腸毒은 수용성 섬유질에 의해 배설된다. 수용성 섬유질은 자기 몸의 40배 정도의 수분을 흡수하는 과정에 장내의 독성 물질과 나쁜 콜레스테롤을 흡착하여 대변과 함께 배설시키는 작용을 한다. 포만감을 주어 과식을 억제시키고 비만을 예방하고 다이어트에까지 효과가 있다.

비수용성 섬유질은 수분을 흡수하지는 않지만 장내에서 음식물의 이동을 촉진시켜 소화기능을 향상시킨다.

보다시피 국물 위주의 식사는 비만을 유발하며, 수분과다성비만은 근육이나 에너지를 생산하지 못

조선시대 나그네의 식사
국과 밥은 한국인의 주식이다.

59 인터넷사이트자료.

할 뿐만 아니라 지방성비만과도 다른 수분육水分肉(물살)이어서 운신과 노동에도 불리함을 알 수 있다.

이런 연유로 고려시대, 조선시대 사람들은 신장이 작았을 뿐만 아니라 상체는 운동 부족으로 왜소한 데 비해 하체는 국물식사와 좌식생활습속으로 인해 비만이 생겼을 것으로 추정할 수 있다.

3. 다도茶道와 숭능문화 그리고
예술과 철학의 관계

차의 원산지는 중국이다. 삼국시대에 벌써 제다製茶공정을 거친 가공된 차를 음용했으며, 605년 수양제가 남북관통대운하건설을 완성함으로써 차 문화 보급에 교량을 놓았다. 당나라 때(618~907년)에는 이미 서민에게까지 보편화되었다.[60]

송나라에 들어와서는 제조법이 진일보의 발전과 더불어 대중화되었다.

한국의 차 문화는 중국에서 전래된 것이다.

신라 신덕왕 때 당에서 다종茶種을 갖다가 재배하였지만 그 성과가 별로 좋지 못하였음인지 당시 교역이 성행하던 중국에서 오는 차를 많이 사서 마셨다.[61]

신라 제24대 흥덕왕 3년(828년)에 당나라에 갔던 서산 대렴大廉이 차 종자를 가져왔다.

그러나 한국의 차 문화는 고려시대에 들어와서는 불교에 기대어 보급영역이 넓어졌다. 물론 차 문화를 향유할 수 있었던

---

60 『우리나라 식생활 문화의 역사』, 신광출판사, 윤서석, 1999년 10월 15일, p.257.

61 『한국문화사대계』IV 「풍속·예술사」, 高大 民族文化硏究所, 1970년 2월 28일, p.228.

계층은 왕족, 관리, 문인, 스님들에 한정되어 있었다. 조선시대 서민에게 있어서 차는 기호음료 이상의 약이나 다름없었다.

다시 강조하지만 차의 보급은 불교와 밀접한 연관이 있다. 고려시대의 차 문화가 팔관회, 연등회 등 불사佛事와 더불어 발전했던 것처럼 중국에서도 차 문화는 급속도로 파급되는 불교의 역량을 빌어 고속으로 전파되어 나갔다.

선종의 좌선은 움직이거나 졸아서는 안 되며 식사량을 줄이는 불공이므로 맑은 정신 상태를 유지해야 할 필요가 있다. 차에 포함된 카페인은 중추신경을 흥분시키고 강심작용과 평활근의 이완을 돕는 효능이 있기 때문에 스님들이 광범위하게 차를 재배하고 음용했다.

차는 마음을 안정시키고 눕는 일을 적게 하고(少臥) 몸을 가볍게 하여 노쇠를 늦추고 총명하게 하는 데 이롭다.[62]

원나라 때 중국의 차 문화가 북방민족에게 널리 전파되었는데 고려시대의 차 문화 발전도 그 영향을 받았던 것으로 추정할 수 있다. 물론 중국의 차는 대중화된 데 반해 고려의 차는 귀족층에 한정된 기호식품이었다는 차이도 존재했을 것이다.

중국 다도의 의미를 다음 몇 가지로 집약할 수 있다.

---

62 『神農本草經』.

(1) 음다吟茶(차 마시기): 식용음료로 해갈작용을 한다.

(2) 품다品茶(차 음미하기): 차의 색상과 향기를 음미한다.

(3) 다예茶藝(분위기 잡기): 음악, 기악, 기예 및 인간관계에 중시한다.

(4) 최고의 경지에 이르기: 날씨에서부터 철리, 윤리, 미학을 두루 섭렵하며 담담한 찻잔 안에서 우주의 이치와 인생에 대해 담론한다. 이 과정에서 예술적 상상력, 미학관, 인생관, 인격 등의 형성이 진행된다.

다도 문화는 한마디로 협착한 현실공간을 탈피하여 광대한 세상과 우주로 날아오를 수 있는 통로 구실을 하는 셈이다.

다행茶行에서 중국인들은 향기를, 일본인들은 빛깔을 중시하는 데 반해 한국인은 맛에 천착한다. 향기는 후각, 색깔은

중국 고대
음다도(吟茶圖)

시각, 맛은 미각에 각각 대응한다. 중국인과 일본인에게 차는 기호음료이고 사람들과 교제하고 담화하는 데 쓰이는 식품이지만, 한국인에게는 한낱 식음食飮의 일종일 따름이다. 인간의 5감 중 오로지 미각만이 예술로 승화되지 못했다. 후각적 이미지를 문학예술로 승화시킨 이백의 시편들은 이 같은 주장에 명분을 제공한다. 꽃향기, 술 향기, 풀 향기, 봄·여름·가을의 향기, 여인의 향기…….

시각은 미술, 청각은 음악을 생산해낸 자궁이 되었다. 그러나 미각만은 단순한 식사활동에만 소비되고 있을 뿐 어떠한 예술적 생산도 하지 못하고 있다. 요리가 최근 들어 '예술'의 영역을 기웃거리는 움직임을 보이게 된 데는 인류의 오랜 난제였던 먹는 문제가 해결되면서 단순히 주린 배를 채운다는 식사 행위를 초월하여 음식이 시각적 이미지의 대상이 되면서부터이다.

차가 향유의 대상이 아니라 식용으로 둔갑했다는 것은 음식에 대한 한국인들의 관심사가 얼마나 독실했는가를 실감하게 한다. 민간에서 차를 대신하여 식탁에 오른 숭늉은 두말할 것도 없이 식사 행위의 연장이다.

어머니는 아버지 밥상머리에 앉아 시중을 드신다. 숭늉그릇이 들어온다. 진지를 반쯤 잡수실 때 따끈한 숭늉이 들어온다.

(박지원)

서홉 밥, 닷홉 죽에 연기도 하도 할사

설 데인 숭늉에 빈 배 속일 뿐이로다

생애 이러하다 장부 뜻을 옮길런가   (박인로)

한국인의 식사는 숭늉을 마셔야 종료된다. 차는 때와 장소와는 관계없이 마실 수 있지만 숭늉은 오로지 식사시간에만 밥상에서 식용할 수 있다. 그것도 새로 밥을 지었을 때만 가능하다. 쌀 한 톨이라도 절약하여 곡향穀香이라도 우려서 배를 채우려는 시도마저 엿보인다. 그러나 결국 헛배만 부르고 위장만 늘어나고 금방 꺼진다.

고려시대에는 불교의 부흥과 함께 차도 유행하였으나 조선시대에 오면서 불교의 쇠퇴와 함께 차도 쇠퇴하게 되었는데 내적 원인으로는 우리나라의 생수 맛이 좋고 숭늉, 담배나 술이 애용되는 데 이유가 있다. 한국인은 식후에 숭늉을 마시기 때문에 차를 마실 필요를 덜 느꼈고 조선시대에 담배가 많이 보급되면서 차 마실 기회를 대신해 버렸다.[63]

---

63 『한국의 차문화』, 박석근, 한국식물원연구소 소장, 네이버 카페.

배고픈 사람에게는 밥물에 불과한 숭늉 한 그릇이 절박하지만 차 같은 우아한 기호식품은 한낮 사치에 불과할 따름이다. 배를 불리기 위한 숭늉은 배만 부르면 그 역할이 종료되고, 스님의 졸음을 물리치기 위한 차도 졸음 때문에 좌선에 지장만 받지 않으면 그것으로 용도가 한정되지만, 사교를 위한 매개물로서의 차는 마시는 행위에서 그 사명이 끝나지 않고 예술과 철학으로 승화된다. 중국인들이 이러한 다茶문화의 혜택으로 그들만의 자랑스러운 지성의 역사와 전통을 창조해냈듯이 서양인들은 카페나 다방에서 근현대 예술의 꽃을 피워냈고 철학의 부흥시대를 활짝 열 수 있었다. 그러나 한국에서는 스님들의 실용적 집념으로 상류층에 잠깐 유행했던 고려시대의 차 문화가 숭유억불정책으로 된서리를 맞는 순간 자취도 없이 이 땅에서 사라지고 말았다. 추사 김정희와 다성茶聖 초의선사 (1786~1806년) 장의순에 의해 겨우 명맥을 이어오다가 다행이라 할지 불행이라 할지 일제 강점기에 다시 부활하기 시작했다. 보성 차밭도 일제가 조성한 것이다.

조선시대 차 문화의 쇠락은 그 원인이 숭유억불정책과 불교의 퇴락에 의한 것이라지만 불교 국가인 고려시대에 차 문화가 대중화되지 못한 원인은 아래의 몇 가지로 집약할 수 있지 않을까 생각한다.

(1) 차 생산량이 적었다. 고려시대에는 재배 차가 아니라 대부분이 자생하는 토산 차였는데 수확량이 많지 않았을 것으로 추정된다. 채엽採葉, 제다시설을 갖춘 고려 후기의 대표 다원茶園인 동을산冬乙山 평교다소坪郊茶所와 하동의 화개다소를 비롯해 20여 개의 다소가 설치되었지만, 산속에 자생하는 차를 따야 하기에 수확이 적고 따기도 힘들었을 것이다. 공납 차를 따 바쳐야 하는 백성들의 폐해가 아주 말할 수 없었다고 한다. 얼마나 공납량을 채우기 어려웠으면 "떡차 한 개 값이 천금과도 바꾸기 어렵다(이규보)"고 했겠는가.

화개에서 차 딸 때를 말해 볼러나
관리들이 집집마다 늙은이, 어린이 죄다 몰아내
험준한 고개를 넘고 넘어 간신히 따 모아
머나먼 서울 길 재촉에 어깨가 벗겨지네.
이야말로 백성의 기름과 살이 아니라
만 사람을 저미고 베어 얻게 되나니   (이규보)

차 공납을 채우기 위해 험준한 산속을 헤매도 바구니를 채우기가 고역이었음을 알 수 있다. 이러하니 서민이 집에서 식용할 차가 있었을 리 만무하다.

(2) 토산 차는 쓰고 떫어 마시기가 힘들었다. 고려도경에도 이
와 같은 기록이 전해지고 있다.

(3) 운반이 어려웠다. 공납 차는 모두 등짐으로 져서 한양까지
날랐다고 한다. 고대에 운하가 발달한 중국에서도 남방의
차가 북방으로 전파되는 데 매우 긴 시간이 소요되었다.
차 생산지의 백성은 차를 공납하고 남는 것이 없어 마시지
못했고, 북방 사람들에게는 운송이 어려워 보급 통로가 막
혔을 것이다. 경성 가는 길이 티베트의 차마고도라도 된
듯 이토록 험난했으니 다른 지방은 더 말해 무엇하겠는가.

(4) 중국인은 의자에서 생활하므로 따끈한 차가 필요했지만,
뜨거운 온돌에서 생활하는 한국인은 냉수가 필요했다. 다
만 남쪽지방은 마루가 발달해 북방에 비해 더운 차를 많이
음용했을 것이다. 시원한 마루에서는 더운 온돌보다는 풍
로를 들이고 차를 끓이기가 편리했음직하다.

(5) 송나라와의 교역으로 납차, 용봉사단 등의 차를 들여왔지
만 수입품이라 값이 비싸 서민은 마실 엄두도 못 냈을 것
이 분명하다.

(6) 육식, 채식과 관련이 있다. 육식을 하면 체내에 지방이 축
적되기에 차가 중화작용을 하지만, 채식자에게 차는 위장
을 훑어내리는 역작용을 할 따름이다. 차를 대신하여 일
반화된 것이 바로 숭늉이다.

숭늉이라는 말이 『임원경제지』(숙수熟水, 니근물, 익은물泥根沒)와 『계림유사』에 나오는 걸 보면 고려 초엽이나 중엽에 이미 광범위하게 음용했음을 알 수 있다.

중국 음식은 불에 데운 기름의 높은 온도를 이용하여 만들어져 … 느끼하다. 차를 함께 마셔 기름으로 산성화된 몸을 중화시킨다. 한국 음식은 맛이 짠 편이다. 숭늉에는 누룽지에서 나온 포도당의 단맛과 탄수화물이 타면서 생긴 구수한 맛이 강하다. 그래서 짜고 매운 음식을 먹고 나서 숭늉을 마시면 산성으로 변한 입맛을 중화시켜준다.[64]

결국 차는 왕실, 귀족, 문인, 스님들의 편애를 받다가 숭늉에 밀려 서민 대중 속으로 진출하는 데는 실패하고 말았다. 조선시대에는 일부 불교 사원에서만 그 맥을 간신히 이어왔을 뿐이다.

차가 "대뇌중추신경을 자극하여 정신을 맑게 하고 감각을 예민하게 하며 기억력, 판단력, 지구력을 증강시킬 뿐만 아니라 졸음을 없애주며 혈관을 확장시켜 운동력을 높여준다"는 점을 감안할 때 단순히 소화기능을 촉진시키는 숭늉에 비해 얼마나 많은 체질 개선의 기회를 제공하는가를 어렵지 않게 짐작할 수 있다.

---

64 『밥과 반찬 판飯과 차이菜』, 주영하.

중국의 전통 다관
(茶館)

다관과 다루는 중국 여러 지역의 문화가 집결, 배포되는 공간 인 동시에 전통예술 을 꽃피운 요람이기 도 했다. 공연무대가 상설되어 있다.

문화 전파는 일반적으로 사람들이 많이 집결하는 공공장 소를 통해 이루어진다. 문화 전파의 장소적 의미는 아주 중요하다. 서구의 근대예술 과 지성사가 카페나 다방에서 꽃폈던 것처럼 중국에서도 경 극, 창극 등 연극예술이 차를 마시는 다관茶館을 중심으로 발전했다. 중국 문화 교류의 장소 적 특성이 다관, 다루茶樓와 같은 사람들이 많이 모이는 종합 적 문화활동공간이었던 것에 반해, 한국 문화 교류의 장소적 특성은 사랑방의 온돌이었다는 점에 유의할 필요가 있다. 중 국의 다관은 진晉 시기에 그 초기 형태를 보이기 시작하여 당 대唐代에는 다관이 자리 잡았고, 송대宋代에는 전국적 범위로 보급되기에 이르렀다. 송대의 청명상하도淸明上河圖에는 저잣 거리에 수많은 다관들이 그려져 있다. 다관이나 다루에서 사 람들은 차를 음미하고 한담도 나누고 정보 교류도 하고 교역 도 하면서 각종 기예와 예술 공연, 오락을 향유하기도 한다. 모든 정보는 이곳으로 집결되었다가 다시 분산되어 전국 각지 로 전파되는 정보소통공간의 역할을 담당했다. 다루는 경관 이 수려한 호숫가나 강변에 위치해 낭만과 정취까지 흠씬 풍 겨 문인들과 자연과의 정서적 교감까지 행해진다.

그러나 한국의 다실茶室은 사대부 문인들에게는 사랑방이

한국 전통문화의 허울을 벗기다—한·중 문화 심층 해부

고, 스님에게는 사찰이나 암자이다. 모두 은밀한 사생활공간이다. 종합적인 문화활동공간이라기보다는 개인적 우정이나 사적인 교제공간의 역할을 할 뿐이다. 문화는 폐쇄적이고 단절된 공간에 묻혀 확장하지 못한 채 사장되고 만다.

4. 한국의 전통 쌀떡과
중국의 전통 면식面食에 대한 문화적 비교

한국의 전통음식문화를 논할 때 떡을 빠뜨릴 수 없다. 한국인은 유난히 떡을 만들어 먹기를 좋아한다. 『북한요리대백과』의 기록에 의하면 한국의 떡 종류가 무려 235가지에 달하며, 『한국의 음식용어』[65]에 의하면 전통 떡의 종류가 200여 종에 달한다고 한다.

그런데 이 떡 문화가 불교와 밀접한 관계가 있다는 사실을 아는 사람은 별로 많지가 않다. 불교에는 6법공양六法供養이란 것이 있는데, 그중에 떡(쌀) 공양이 들어 있다.

(1) 향 공양

(2) 등 공양

(3) 꽃 공양

(4) 떡(쌀) 공양

(5) 과일 공양

(6) 차 공양

---

65 『한국의 음식용어』, 윤서석, 민음사, 1991년 1월 1일.

고려시대에는 불교가 유례없는 성황을 이루었으며 불교 행사도 빈번했다. 사원을 증축하고 탑, 불상, 불화를 조성하고, 각종 법회와 재, 도량을 자주 열었다. 법회만 해도 화엄회, 법화회, 용화회, 문수회, 경성회, 경찬회, 낙성회, 재회, 무차대회, 윤경회, 대장회, 참경회, 담선회 등이 있었고, '전통적인 습속의례였다가 나중에 불교의례와 습합된' 연등회, 팔관회도 있었다.

떡은 부처님에 대한 공경과 신성한 공양품으로서 잦은 불교 의식과 함께 제조방법도 부단히 개발되고 종류도 늘어났을 것이 분명하다. 이렇게 개발된 사찰에서의 떡 제조방법은 다시 세속의 백성들에게 전파되었을 것이다. 조선시대에 와서 불교가 비록 쇠락했지만 유교 습속의 제례전통에 힘입어 사찰의 떡 문화는 국가 종묘제례와 가정집 조상제사에 의해 맥을 이어왔을 것으로 추정된다. 물론 혼례와 상례에서도 떡을 사용했다.

여기서 떡이라 함은 쌀떡을 지칭한다. 신라·백제시대 유적에서 탄화밀이 발견되었다고는 하나 한국의 전통음식문화에서 면류面類의 떡은 거의 찾아볼 수 없을 정도이다.

옛날에는 우리나라에 밀가루가 그다지 흔하지 않았다. 『고려도경』 잡속雜俗에 의하면 "고려에는 밀이 적기 때문에 화북華北에서 수입하고 있다. 따라서 밀가루 값이 매우 비싸서 성

례成禮 때가 아니면 먹지 못한다"하였다.**66**

중국의 국수는 면麵이라 적고 재료는 밀가루에 한정되어 있다. 「고사십이집故事十二集」을 보면 "麵(국수)은 본디 밀가루로 만든 것이다. 우리나라에서는 메밀가루로 국수를 만든다"고 하였다. … "우리나라의 麵은 주로 메밀가루로 만든다." (송남잡식松南雜識)**67**

밀가루로 만든 떡, 즉 병餠류가 거의 식용되지 않았음을 알 수 있다. 국수의 경우에도 밀가루 대신 메밀가루를 사용했다.

주식이 되는 요리에 여러 가지 면류麵類가 있는데, 원료는 대부분이 메밀가루, 녹두가루(녹두녹말)가 주원료였다. 즉 면병麵餠은 메밀가루에 거피去皮한 녹두가루를 조금 섞어서 색色을 깨끗하게 했고, 시면匙麵은 거피去皮한 녹두가루(녹두녹말)에다 밀가루를 조금 섞어 반죽을 하였다. 만두의 껍질 역시 메밀가루로 만들었다. 최근 밀가루가 많아지기 전까지만 해도 우리나라의 국수, 장국용 국수는 위의 시면匙麵과 같은 것이었다.**68**

---

66 『한국요리문화사』Ⅳ 「풍속·예술사」, 高大 民族文化硏究所, 1970년 2월 28일, p.150.

67 동상서, p.149.

68 『한국문화사대계』Ⅳ 「풍속·예술사」, 高大 民族文化硏究所, 1970년 2월 28일, p.262~263.

문제는 쌀을 주식으로 한 음식문화와 밀을 주식으로 한 음식문화가 인체에 미치는 영향이다. 지금까지 미식인米食人들은 쌀이 영양가가 높다고 주장하고, 면식인麵食人들은 밀가루가 영양가가 높다고 믿는다.

일단 도표를 통해 쌀과 밀가루의 영양성분을 비교해보자.

곡류 명칭	칼로리	단백질	지방	탄수화물	칼슘	비타민B¹	비타민B²
쌀	343	7.7	0.6	76.8	11	0.33	0.08
밀가루	354	9.9	1.8	74.6	38	0.46	20.6

얼핏 보아도 밀가루가 쌀보다 단백질, 지방, 칼슘, 비타민 B¹, B² 함량이 높다. 쌀 영양성분이 밀가루보다 높은 것은 탄수화물이다.

단백질은 인체 성장을 촉진시키는 효능을 갖고 있으며, 지방은 두뇌발달에 반드시 필요한 영양성분이다. 칼슘은 신체를 지탱해주는 뼈에 영양을 공급하는 성분이다. 비타민B¹(티아민)은 신경기능 활동을 정상화시키며 비타민B²와 함께 인체의 성장을 촉진시키는 효능이 있다.

쌀에 많이 함유되어 있는 탄수화물은 그 주요 기능이 신체활동에 필요한 에너지를 공급하는 것이다. 체내에서 탄수화물의 분해에 의해 에너지가 생산되는 것이다.

칼슘을 공급하는 주요 식품은 우유인데 고려 명종대明宗代에 낙소酪酥를 금해(고려사열전 권12) 일부 상류층에서만 우유를 마시고 낙소를 약용으로 썼다. 조선조에 와서도 우유와 낙소는 이용 또는 근신하사용품近臣賜途用이었고 우유는 주로 낙

소의 원료로 하기 위함이었다.[69]

음식물에서 충분한 칼슘을 섭취해야 튼튼한 골격과 건장한 체구를 가질 수 있다. 반대로 칼슘 부족은 허약한 체질, 왜소한 체구의 원인이 될 수 있으므로 반드시 없어서는 안 될 영양성분이다. 밀가루를 주식으로 하는 북방민족과 중원의 중국인들 그리고 서구인들은 모두 골격이 장대하고 체대가 거대한 데 비해 쌀을 주식으로 하는 중국 남방과 동남아 그리고 한반도의 남쪽지방인들은 거개가 체형이 왜소하다.

밀의 원산지는 서아시아이다. 중국에서 밀이 최초로 발견된 유적은 신강의 공작하孔雀河 유역 누란樓蘭이다. 누란의 소하小河 무덤에서 4천 년 전의 탄화밀이 발견되었다. 내지內地에서 발견된 최초의 밀은 3천 년 전(상商 중기 또는 만기 좌우)이다. 그러나 널리 보급된 것은 아니었다.

중국에서 밀 재배가 시작된 시기는 선진시대로까지 거슬러 올라간다. 한대漢代와 위魏 시기에는 북방에도 널리 보급되어 주식으로 자리 잡았다.[70]

전국戰國 시기의 맷돌의 발명으로 한대에 이르러 밀이 널리 보급되었다.[71]

---

69 『한국문화사대계』IV「풍속·예술사」, 高大 民族文化硏究所, 1970년 2월 28일.

70 『中国民俗史』, 汉魏卷 作者 : 鐘敬文主编, 人民出版社, 2008년 3월 1일, p.96.

71 『中国大百科全书』, 农业卷, 中国大百科全书出版社.

한국 전통문화의 허울을 벗기다-한·중 문화 심층 해부

위진남북조 시기에는 장강, 회하이남 지역은 벼 재배가 위주였고 북방은 밀 재배가 위주였다.[72] 남방은 쌀밥이 주요 식품이고 북방은 조와 … 더불어 밀밥(麥飯)이 주요 식품 중의 하나였다. 밀밥은 밀을 쪄서(蒸) 지었다. 값이 저렴하여 서민들의 상용 식품이 되었다.[73] 이 시기에는 밀떡(餅)도 많이 만들어 먹었는데, 호병胡餅, 탕병湯餅, 수인병水引餅, 증병蒸餅, 면기병面起餅, 유병乳餅 등의 떡도 있었다. 호병胡餅은 북방소수민족의 식품이다. 동한東漢의 한령제漢靈帝 류굉劉宏이 호병을 좋아해 중원으로 들여온 뒤 점차 낙양 사람들이 즐겨먹는 음식이 되었다.[74] 유병乳餅은 우유나 양젖으로 밀가루를 반죽해 만든 병餅이다.[75]

수당시대에 병餅은 여전히 밥飯, 죽粥, 떡糕 중에서 첫 자리를 차지하는 주식이었다. 이중에서 떡糕을 가장 적게 식용했다. 가장 많이 먹은 것은 병餅이다. 호병은 수당, 오대 시기에 널리 식용되었다. 필라畢羅는 소를 넣어 만든 밀가루 떡인데, 북방 특히 관중지방에서 유행하였다. 양송兩宋 시기에도 '북면남미北面南米' 주식은 변함이 없었다. 이때부터 하루 세끼를 식사하는 3찬제三餐制가 실시되어 체질 향상에 획기적인 기여를

---

72 『魏晋南北朝社会生活史(中国古代社会生活史书系)』, 朱大渭, 刘驰, 梁满他, 陈勇 著, 中国社会科学出版社, 2005년 2월 p.89.

73 동상서, p.91.

74 동상서, p.89~93.

75 동상서, p.92~93.

했다. 중국을 통치한 몽골족의 주식은 양고기와 소고기이고, 식음료로는 마유주馬乳酒[76]나 소와 양의 젖을 마셨다. 그러나 중원 진입 후에는 한족漢族의 식습관을 수렴하여 젖과 고기에 곡물을 섞어 함께 숙성시킨 육죽肉粥을 먹었다.

명대에는 황하 유역의 밀 생산 분포 범위가 대폭 늘어났다. 밀가루는 송대宋代 이후 줄곧 북방 중국인들의 주식이었다.

중국인들이 두 번째로 많이 먹은 음식은 밥이다. 밥은 조밥 (숙미반粟米飯), 황미반黃米飯과 쌀밥稻米飯, 나미반糯米飯, 밀밥 (맥반麥飯), 요맥반莠麥飯, 대맥반大麥飯 등이 있었다. 북방에서는 조밥을 많이 먹었고, 남방에서는 주로 쌀밥을 먹었다.

세 번째로는 죽이다. 좁쌀죽, 쌀죽, 밀(보리)죽, 보리죽이 있었는데, 위로는 황제에서 아래로는 평민에 이르기까지 보편적으로 먹었다.

떡은 맨 마지막이다. 주로 간식으로 먹었다.[77]

중원 사람들은 면 음식을 주식으로 하고 떡은 별로 먹지 않았음을 알 수 있다. 북방은 역사적으로 전란이 잦았지만 밀가루를 주식으로 먹은 덕분에 골격이 튼튼하고 신체가 건장해져 잦은 전란과 자연재해의 고통에도 거뜬히 버텨낼 수 있었다.

밥과 떡을 만드는 식재료인 쌀의 편식은 인체에 필요한 영

---

76 몽골의 대표적인 술로써 몽골어로는 '아이락'이라고 부른다. 음료처럼 음용한다. 말 젖을 양가죽 자루 안에 넣고 오랫동안 막대기로 치고 휘젓거나 손으로 흔들어 발효시킨 것이다. 알콜도수는 1~3%이다. 마유주를 증류시킨 '아르히'는 알콜함량이 46%나 되는 소주인데 큰 잔에 부어 마신다.

77 동상서, p.89~93.

양분을 골고루 섭취하지 못하게 하는 결과를 초래할 수밖에 없다. 탄수화물의 과다 섭취는 노동에 필요한 일회적인 에너지만을 획득할 수 있을 뿐이다. 나라 백성의 평균 체력이 국력과 정비례함을 인정할 때 지나간 역사 속에서 한국의 국제적 위상이 어떠했을 거라는 건 불을 보듯 뻔하다.

5. 역사가 짧은 김치문화

김치가 한국의 전통음식문화를 대표하는 아이콘이라며 민속학계에서 자화자찬이 요란하다.

그러나 우리가 알고 있는 오늘날의 형태를 갖춘 김치는 그 역사가 겨우 200년 남짓 밖에 안 되어 전통음식이라 하기에는 어딘가 자격 미달이라는 생각을 떨쳐버릴 수 없다.

우선 김치에 대한 기록을 살펴보면 삼국시대에는 문헌에도 나타나지 않고, 고려시대의 문헌 기록에도 거의 보이지 않는다. 고추와 배추가 유입되기 전의 김치는 채소를 소금에 절인 음식이었다. 이 채소절임은 한국뿐만 아니라 다른 나라에도 많다. 중국에는 포우차이(泡菜)라 하여 배추나 오이를 소금이

김장 담그기
(출처: 국립민속박물관)
고추 양념을 가미한, 오늘날의 형태를 갖춘 고유의 김치는 근대에 와서야 식용되었다.

나 식초에 절였고, 일본에서도 즈게모노(漬物)라는 채소절임 음식이 있으며, 장에 절인 '우에오시'나 채소를 소금에 절여 쌀겨 속에 묻어 발효시킨 '다구앙' 등이 있었다. 중국이나 일본에서는 소금에 절이고, 동남아와 서구권에서는 식초에 절였다. 그러니 고려시대의 김치, 순무장아찌, 순무소금절이 같은 김치는 한국에만 있는 고유의 음식이라 할 수 없다.

학계의 조사에 따르면 오늘날 약 100종으로 늘어나 발전하며 한국의 대표 음식으로 자리 잡게 된 김치는 그 역사가 불과 200여 년밖에 안 된다. 200여 년의 역사를 가진 음식에 전통 음식이라는 이름을 붙이는 것은 솔직히 좀 어불성설이라는 감이 없지 않다.

김치가 세계에 자랑할 만한 모습을 갖춘 것은 배추와 고추가 들어온 근대의 일이다.

> 소채蔬菜류의 종류도 많지 않다. (조선시대) 이것은 소채류를 특산물이라 보기에는 너무도 보편적이었던 점도 있겠지만, 대체로 보아 1600년대를 전후하여 1700년대에 와서 고추, 호박, 감자, 고구마 같은 채소菜蔬가 우리나라에 도래到來했고, 배추도 비교적 근대(1800년대 후기)에 와서 좋은 것이 재배, 보급되었다.[78]

---

78 『이조농업발전사』, 이춘영, p.95.

당시(조선시대)에는 지금처럼 소채류가 다양하지 못했음을 알겠다.[79]

고추, 호박은 16세기 말(1592년)에 있은 임진왜란을 통해서 일본인들에 의해 유입된 식품이다.[80]

고추가 들어오기 전까지 김치란 단순히 소금에 절인 채소였고, 고춧가루 양념이 가미가 안 된 상태의 백김치였음을 알 수 있다. 외국인들은 김치의 고유한 맛을 매운맛으로 생각할 정도인데 고춧가루로 양념되지 않은 조선시대의 김치는 오늘날의 관점에서 볼 때 진정한 의미에서의 김치가 아니라고 할 수밖에 없다.

고추가 유입된 것은 임진왜란 시기이지만 김치 양념으로 본격 사용된 것은 그로부터 200년이 지난 18세기라고 하니 그 역사가 실로 빈약하기 그지없다.

고춧가루가 김치에 양념으로 추가되면서 김치의 부패를 방지하고 소금의 양도 줄일 수 있었다고 하니, 고춧가루가 가미되지 않은 김치가 어떠했으리라는 것은 굳이 설명하지 않아도 짐작 가는 바이다.

---

79 『한국문화사대계』IV 「풍속·예술사」, 高大 民族文化硏究所, 1970년 2월 28일, p.247.
80 동상서, p.249.

고추는 1500년대에 들어왔으나 1600년대까지는 김치에 참초(眞椒)를 사용하였다. 1700년대의 「증보살림경제」에 비로소 고추를 넣은 김치가 나온다. 같은 무렵의 「경도잡지」에 의하면 김치에 새우젓죽을 썼으며 전복, 소라, 조기 등의 수산물을 넣었다. 이처럼 비린내가 나고 산패하기 쉬운 수산물을 김치에 넣을 수 있는 것은 고추의 매운맛 성분 및 비타민E의 강한 항산화력抗酸化力, 마늘, 생강 등의 항산화력의 작용이 있기 때문이다. 우리 조상은 종래의 김치에 고추와 수산발효식품을 슬기롭게 결합시켰던 것이다.[81]

보다시피 진정한 의미에서의 김치는 '고추와 수산발효식품 결합'에 의해 탄생했다.

그런데 이 고추가 널리 식용된 것은 18세기보다도 훨씬 뒤 늦은 19세기 중엽이라고 한다.[82]

호박은 고추, 담배와 함께 임진왜란 이후 일본과 중국에서 들어왔다. 처음에 승려와 일반 백성들은 먹었지만 사대부는 먹지 않았기 때문에 승소僧蔬라고도 하였으나 19세기 중엽에는 널리 식용되었다.[83]

---

81 인터넷사이트자료.
82 『한국사』 34 「조선후기의 사회」, 국사편찬위원회, 1995년 12월 30일, p.345.
83 동상서, p.351.

한국의 전통문화에서 승려들이 얼마나 중요한 역할을 수행했는가를 다시 한 번 실감하게 하는 대목이다. 고춧가루 양념의 추가로 탄생한 김치는 비로소 한국 고유의 음식이 되었고, 시초에는 사찰에서 주로 식용했다. 상류층이 고춧가루를 식용하지 않았다는 것은 김치가 아직 전국적으로 일반화된 전통음식으로 자리매김하지 못했음을 설명한다. 그 시기가 19세기 중엽이라니 극히 최근까지도 오늘날의 형태를 갖춘 김치의 식용은 그 범위가 극히 협소했음을 알 수 있다.

　　김치의 영양성분을 분석해보면 수분이 88.4%로 가장 많고, 칼슘이 45%로 두 번째로 많다. 김치의 수분은 배추의 수분과 관련이 있고, 칼슘은 배추와 고추의 영양성분과 관련이 있다. 배추는 비타민C와 칼슘이 풍부한 잎채소이며, 고추도 칼슘이 풍부하다.

　　김치는 쌀을 주식으로 하는 한국인에게 충분한 칼슘을 섭취하게 하여 신체 성장에 이롭게 할 기회가 될 수 있었지만, 아쉽게도 배추와 고추의 한반도 도래가 근대의 일이어서 조선시대 이전 한민족의 체질 개선에는 별 영향을 미치지 못했을 것으로 간주된다.

　　그야말로 김치는 전통음식이라기보다는 개발된 지 얼마 되지 않은 브랜드의 근대 식품이라고 해야 할 것이다.

6. 메주(두시豆豉)와 장醬에 대한 새로운 해석

장은 메주와 함께 오늘날 한국전통음식으로 세상에 알려지고 있지만 그 역사를 거슬러 올라가 보면 실은 중국에 그 기원을 두고 있음을 금시 알게 된다.

중국에서는 고대로부터 장을 조미료 중의 으뜸으로 여겼다.

　　장이 없으면 음식을 먹지 않는다.(不得其醬不食)

공자의 이 말에서도 중국인들이 음식물 중에서 장을 얼마나 중요시했는가를 엿볼 수 있다. 실제로 선진先秦 시기에 장은 일종의 사치품으로서 그것을 식용할 수 있는 계층은 천자나 왕궁 귀족 그리고 소수의 상류계층이었으며 일반 백성들은 향유할 엄두도 내지 못했다. 과거 일본에서도 장은 영양식으로 중히 여겨 사원에서나 귀족만이 식용 가능했다. 장이 일본의 서민층에까지 보급된 것은 에도시대에 전입해서였다고 한다.

중국 선진 시기의 장은 대체로 동물성 재료로 만든 육장肉醬이었다. 콩으로 빚은 장은 서한시대부터였다. 1972년 호남성 장사에서 발견된 마왕퇴일호한묘馬王堆一号漢墓 수장품 중에서 발견되었다. 콩장이 생산되기 시작한 것은 서한西漢의 문경文景 치세 시기인 기원전 158년부터이다.

한국 대부분의 사람들은 메주가 한국에만 있는 줄 알지만 기실 메주의 기원도 중국이다. 시豉 자는 메주 시 자이다.

AD 683년 신라 31대왕 신문왕이 왕비를 맞이할 때 왕비가 가지고 온 폐백 품목 속에 시豉와 장醬이라는 글자가 보인다.[84]

중국의 두시(豆豉)
메주와 장의 기원은 중국이다.

『삼국유사』의 기록에 나오는 시豉와 장醬이라는 한자는 중국에서는 이보다 훨씬 오래 전에 문헌기록으로 남아 있다. 메주를 콩으로 만들었다고 하여 중국에서는 두시豆豉라고도 한다. 검은콩이나 누런콩으로 원료를 익혀서 발효시킨 식품을 가리킨다. 고대에는 '유숙幽菽' 또는 '기嗜'라고도 했다.

메주의 최초 기록은 한대漢代 유희劉熙의 저서 『석명釋名·석음식軟字食』에 '오미조화수지이성五味調和需之而成'이라고 씌어 있다. 기원전 2~5세기의 『식경食經』에도 '작두시作豆豉'라는 기록이 전해지고 있다. 조미료로도 사용하고 약재에도 첨가했다고 한

---

84 『삼국유사』「신문왕 편」.

한국 전통문화의 허울을 벗기다–한·중 문화 심층 해부

다.[85]

대만에서는 두시를 '음시蔭豉'라 하고, 일본에서는 '납시納
豉'라 부르며, 동남아 여러 나라들에서도 보편적으로 식용한
다.

메주는 각 나라의 지리적인 온도와 습도와 같은 기후 조건
에 따라서 크게 대륙적인 것과 해양적인 것으로 나누어지게
되었다.(이한창 박사) 전자에 해당하는 한반도와 중국은 강수
량이 적고 청명한 날이 많은 늦가을부터 겨울철에 주로 메주
를 담가 2~3개월간 자연 숙성시켜 이듬해 음력 정월에 전통장
류를 제조하는 데 사용한다. 이때 메주 표면은 건조한 상태로
되어 야생 곰팡이의 오염이 적으며, 메주 내부는 수분 함량이
높아 주로 세균(고초균枯草菌[86])이 많이 서식하는 대륙적인 '세
균주도형 메주'로 발달되었다.[87]

한국의 메주가 과립형의 중국 메주와 다른, 한국식 분말형
으로 정착된 것은 근대의 일이다. 17세기 중엽까지도 메주는
콩과 밀을 이용하여 제조되어 오늘날의 메주와 크게 다르지
않았고[88], 조선조 말에 이르러서야 오늘날과 같은 덩어리 메

---

85 『바이두百度백과사전』.

86 마른 풀에 많이 있다고 함.

87 우리조상 기술 따라잡기 블로그.

88 『구황보유방(救荒補遺方)』.

주(메조[89])를 사용하여 장 담그는 법, 좋은 메주의 상태, 장 담그는 시기, 소금물 만드는 법 등 간장제조법이 상세히 기록되었다.[90]

과립형 메주가 분말형 메주로 형태 변화를 한 것은 17세기 중반 아니면 19세기 말엽이었음을 알 수 있다. 중국 장의 영향에서 벗어나 순수한 한국 장으로 개발된 역사가 겨우 백 수십 년밖에 안 되는 셈이다.

한국과 일본이 동남아 여러 국가들 중에서도 현대에 이르기까지 장문화가 발달한 원인은 탕반문화와 연관이 있을 것으로 추정된다. 국물은 소금이나 간장 같은 조미료보다 장을 넣어 조리해야 영양원도 보충하고 짜거나 싱거운 맛도 깊이 있게 살릴 수 있기 때문이다.

반면 중국은 국물음식의 위축과 더불어 장문화도 서서히 퇴장했을 것으로 간주된다. 국물은 장문화를 발달시켰고, 장은 국물문화를 지속시켜준 역할을 담당했던 것이다.

국물문화에 대한 집요한 미련은 청나라에서 전래된 청국장까지도 한국의 전통음식으로 둔갑시키는 탐욕을 불러왔다.

---

89 병국餠麴형 메주.

90 『규합총서』(1869년).

한국 전통문화의 허울을 벗기다─한·중 문화 심층 해부

제3장

복식문화 담론

지구상의 생물체 중에서 옷이라는 신체 이외의 보호 장치를 착용하는 것은 오로지 인류뿐이다. 이에 따라 복식의 착용 이유와 기원에 대한 궁금증이 더 커질 수밖에 없다.

의복의 기원에 대한 학자들의 관련 연구는 활발하게 진행 중이고 제기된 가설도 다양하지만 그 결과가 기대에 미달해 아쉽다.

의복이 인간의 몸에서 털이 사라짐과 동시에 착용되었다는 견해에는 반대하는 사람이 별로 없을 것이다. 그러면 이번에는 인류의 탈모 원인이 문제시될 수밖에 없다. 이 문제에 대한 과학자들의 연구도 믿을 만한 결과가 없기는 마찬가지이다. '아프리카의 가혹한 열기를 이겨내기 위해 도태'되었다는 설, '인간이 주로 옷을 입고 집 안에서 생활하게 됨에 따라 털의 효용성이 사라졌다(마크·페이글)'는 설, '우연돌연변이(리치·해리스)'설, '수렵 시 몸의 과열 상태를 방지하기 위해 도태되었다'는 등등의 가설들이 난립하지만 모두 학술적 설득력이 결여되어 있다.

필자는 인간의 몸에서 털이 사라진 원인은 불의 발견과 이용 그리고 음식물을 익혀서 먹는 숙식熟食과 관련이 있을 것으로 추측한다. 최초의 인류는 동굴이나 움집에서 불을 피워놓고 살았다. 불은 방한작용과 함께 숙식에 활용되었고, 다른 맹수들로부터의 공격을 방어하는 기능도 수행했다. 불더미 앞에서 털은 쉽게 탈 수 있을 뿐만 아니라 더위가 배가된다. 추위로부터 자신을 보호하는 인체의 본능적 방어기능인 털은 이 경우 무용지물이 될 수밖에 없다. 기능을 상실한 인체 부위는 꼬리나 맹장처럼 스스로 자연도태 된다. 그리고 불을 이용한 숙식은 연소를 통해 음식물에 포함된 생기生氣를 죽여 순화시키는 작용을 한다. 비단 살균작용뿐만 아니라 야성의 특징인 광기를 누그러트리고 필요한 영양분만 분리하여 흡수하도록 한다. 불에 익히는 과정에서 음식물 속의 털의 성분이 연소되어 사라지는 것은 아닐지…….

물론 과학적으로 입증이 되지 않은, 필자의 억측에 불과하지만 전혀 가능성이 없는 것은 아니라고 생각한다. 실제로 음식물은 불에 익힐 때 일부 영양성분들도 연소된다. 또 동물원에서 살아 있는 닭을 먹인 호랑이는 야성이 남아 성정이 포악하지만, 삶은 닭을 먹인 호랑이는 성정이 부드럽고 온순하다는 사실을 미루어보아도 숙식과 생식이 생명체에 미치는 영향이 얼마나 큰가를 알 수 있다. 고기를 구워 먹는 서양인의 육식과 곡식을 익혀 먹는 동양인의 소식이 인체에 미치는 영향도 비교 연구해볼 가치가 충분하다. 동서양의 서로 다른 식습관이 털이 많은 서양인과 털이 없는 동양인의 체질적 차이를 형성한 원인이 될 수도 있기 때문이다.

필자는 인류 최초의 옷은 허리에 두른 치마(오늘날의 미니스커트 형태)라고 간주한다. 나무껍질이나 짐승 가죽을 허리에 두르고 다녔다. 이 치마의 용도는 방한기능보다는 성기의 보호였을 것이라고 간주한다. 진화 중의 인간에게 있어 성기는 생존을 통해 유일하게 쾌락을 향유할 수 있는 인체 부위였다.

뿐만 아니라 수명이 극히 짧았던 초창기 인류에게 있어 번식을 보장하는 성기는 인체에서 가장 중요한 부위였음이 틀림없다. 신체의 다른 곳은 노출해도 그 부위만은 가죽이나 나무껍질로 단단히 보호했던 원인이 바로 여기에 있었다. 그런데 이 최초의 옷의 특정 부위에 대한 장시간의 착용은 오랜 세월이 흐르며 인간의 머릿속에 그 부위를 치부로 각인시키며 종당에는 복식의 의미를 윤리적인 당위에까지 격상시키는 결과를 낳게 되었다. 한편 복식을 권력의 상징으로 둔갑시킨 것은 종교와 무당이었다.

최초의 상의는 피류을 필疋 채로 어깨에 걸치는 견의肩衣였다. 견의는 인간이 최초로 방한을 목적으로 착용한 의복이었다. 아직 재봉기술이 발달되지 않았던 시기에 견의는 탈모로 인해 야외생활에서 추위에 무방비로 노출된 인간을 보호해주는 의복의 역할을 충분히 감당했다.

그런데 이 견의의 착용방법을 자세히 연구해보면 오늘날 학계의 골칫거리가 된 연구과제인 임형 문제의 해법이 숨어 있음을 알 수 있다.

견의는 가죽이나 나무껍질 또는 포를 왼쪽 어깨에만 걸치거나 오른쪽 어깨에만 걸치는 두 가지 착용방법이 있었을 것이다. 중원지역에서는 남향했을 때 계절풍인 동풍에 의복 섶이 날려 벌어지거나 흘러내리는 것을 방지하기 위해 좌견의左肩衣를 즐겨 착용하게 되었다. 주지하다시피 중원은 농경민들의 정착지이다. 농경민들은 괭이질이나 삽질을 할 때 주로 오른

팔을 앞으로 내밀고 작업을 하며 오른쪽 어깨가 왼쪽 어깨에 비해 아래로 내려간다. 옷을 오른쪽 어깨에 걸쳤을 경우 쉽게 벗겨질 우려가 있다. 뿐만 아니라 중국인들은 고대로부터 왼쪽을 귀하게 여기는 사상이 있어 좌견의 정착에 명분마저 보탰을 것이 분명하다.

반면 북방은 기마, 수렵민족들의 생활터전이었다. 앞에서도 지적했듯이 북방은 편서풍이 심하다. 남향했을 때 중원에서처럼 옷을 왼쪽 어깨에 걸치면 서풍에 날려 옷자락이 열리거나 어깨에서 흘러내릴 우려가 많다.

나중에 이 우견의와 좌견의를 붙여 저고리(편삼)를 만들면서 우임과 좌임이라는 두 가지 상이한 임형으로 분화된 것이다.

본 장에서는 복식에 대한 전 방위적인 학술적 논의는 자제하고 주로 한복의 고유한 몇 가지 특징들만 선별하여 집중 분석하려고 한다.

1. 우임과 좌임

한국의 모든 문화가 그러하듯 복식 역시 2중성을 띠고 있다는 점을 서두에 깔아두고 싶다.

한국의 복식은 민족적 양식과 중국적 양식의 2중 전통에서 우리와 유사한 특징을 가진 나라가 거란契丹과 몽골이다. … 고려시대의 복식은 우리 고래古來의 복식 위에 당제唐制, 송제宋制, 중국화된 거란제, 원제 등의 각 복식이 교차해서 우리에게 영향을 주었다고 믿어진다.[91]

한국 전통복식의 임형연구가 이여성의 「조선복식고」의 주장에 대한 반론으로 혼란을 빚게 된 것은 고대 한국을 단일민족국가로 착각한 데서 비롯된 것이라 볼 수 있다. 고대의 전통복식연구는 주로 고구려 고분벽화를 근거로 연구가 진행되는데 그 연구 시점에서 고구려의 민족 구성의 성격을 어떻게 규명하느냐에 따라 해석은 완전히 달라질 수밖에 없다. 고구려의 민족구성을 단일민족으로 정의할 때 역사적 진실과는 배치되는 결론에 도달할 가능성이 많은 것이다.

---

91 『한국문화사대계』IV 「풍속·예술사」, 高大 民族文化硏究所, 1970년 2월 28일, p.48.

고구려는 한마디로 다민족국가였다. 여기에 더하여 고구려는 지정학적으로 오랫동안 중국의 지배를 받아 뿌리 깊이 한화漢化된 곳이기도 하다. 그와 동시에 고구려는 지리적으로 중원의 북방, 유목민 생활권에 포함되기도 한다.

　우리나라의 민족이 단일민족으로 형성된 것이 아니고 대략 10개 이상 민족의 잡종으로 보이기 때문에 어느 민족을 기준으로 하여 고유나 원시란 말을 붙일 수 있을지 의문이다. 또 설사 고구려계나 한족韓族계를 기준으로 했다고 하더라도 고유 의복의 가시적 형태로 남아 있지 않으므로 그 재구再構란 도로徒勞에 그칠 것이다. 다만 여기서 풍속이라 한 것은 우리 민족에게 그 뒤 많은 영향을 준 중국계의 한족漢族문화의 침식이 일반화되지 아니한 시기를 가정해 본 것이다. 그러나 이것도 한사군의 설치가 기원전 2~3세기에 올라가므로, 어디까지나 상대적인 것이라는 것을 전제로 하지 않을 수 없다.[92]

보다시피 고구려는 하나의 '기마종족연맹체'로서 여진, 돌궐, 선비, 숙신, 말갈, 몽골, 거란, 예맥, 흉노 등 여러 종족들로 복잡하게 구성된 다민족국가였다. 같은 지역에 살면서도 임형이 다양한 한국 복식과는 달리 모든 계층이 동일한 성격

---

92 동상서, p. 24.

의 의복을, 일률적인 의복을 입은[93] 여타의 북방민족들과의 차이는 고조선, 고구려가 기자, 위만, 한사군을 두루 경과하며 장시기 중국인들의 지배 하에서 한화漢化된 것과는 달리 이들 호족들은 한족의 지배를 덜 받았거나 받지 않았다는 차이에서 유발된 결과이다. 사실 중국인들도 특정한 역사 시기에 흉노 와 선비, 동호 등 북방민족들의 영향으로 좌임을 혼용하기도 했었다.

고구려 고분 무용총 수렵도
고구려 시기의 복식에 우임과 좌임이 혼용되었음을 보여준다.

93 「한국의 고대 복식 그 원형과 정체」, 박선희, 지식산업사, 2002년 11월 25일, p.308.

한국 전통문화의 허울을 벗기다–한·중 문화 심층 해부

고구려 고분벽화를 보면 낙랑군 지역과 한사군의 멸망 시기와 접근한 시기일수록 우임이 많다. 특히 황해도, 평안도지역 고분에서는 중국적 요소가 강했다.[94]

이 평남과 황해도의 일부 지역은 바로 한사군의 낙랑군 고토이다. 낙랑군은 기원전 108년에 한사군이 설치되면서부터 무려 421년이라는 오랜 역사에 걸쳐 중국의 통치 하에 있었다. 184년 군웅할거 동란기 때에는 요동 태수 공손탁과 그의 아들 공손강의 지배 하에 있었다. 238년 공손연이 위魏나라에 의해 멸망하자 서진西晉의 유주자사 관할에 들어갔고, 다시 위나라가 서진에 멸망하자 이번에는 서진의 유주자사 관할로 넘어갔다. 311년 서진에서 8왕지란八王之亂이 발생한 틈을 타 고구려가 낙랑군을 함락한 313년까지 줄곧 중국의 지방정권이었다. 장장 400년간이나 되는 한족漢族의 통치를 받는 동안 이 지역은, 특히 이 지역의 지배층은 어쩔 수 없이 중원의 문화를 받아들여 한화되었을 것이 틀림없다. 일제의 36년 통치의 영향이 얼마나 컸던가를 돌이켜볼 때 그 동화 정도를 어렵잖게 짐작할 수 있을 것이다. '쌍영총의 묘주부부가 입은 넓은 소매의 옷은 한식漢式의 호기적 모방에 불과'[95]하다고 한 이유가 바로 여기에 있다.

---

94 『고분벽화를 통해 본 고구려 복식에 관한 연구』, 김미자, 서울대 의류학과 교수.
95 『조선복식고』.

고분벽화에는 여러 종류의 복식이 보인다. 벽화 중에서 우리나라의 기본 복을 착용했는가 혹은 변화된 의복을 착용했는가를 기준으로 하여 기본 복을 착용한 것은 한국의 요소가 강한 것으로, 한화漢化된 의복(변화된 의복)이 섞여 있는 것은 한국과 중국의 요소가 강한 것으로 구분했다.[96]

쌍영총 벽화에는 "여밈 새가 우임인 것이 많다. 이로 보아 중국 복식의 영향을 받아 변화된 것이라고 본다."[97]

우임은 주로 한족漢族과 거래가 잦았던 상류층에서 많이 입었을 것이다. 즉 팔소매와 바짓가랑이 통이 좁고 옷섶을 왼편으로 여미는(착수세고좌임형窄袖細袴左衽型) 호복 계통은 하층민들이 주로 착복하고, 팔소매가 넓고 옷섶을 오른쪽으로 여미는(광수우임형廣袖右衽型) 한복漢服 계통은 고구려 지배층에서 주로 착용했을 것으로 추정된다.

호복이라 말할 때 호胡라는 개념은 아주 애매모호한 것이다. 단적으로 흉노를 지칭할 때도 있고, 북방유목민 전체를 가리킬 때도 있다. 『전국책戰國策』에는 조령왕趙灵王이 대신에게 '황금(사비師比)'을 하사하였다고 기록되어 있는데, 여기서 '사비師比'는 동호, 선비족이 사용하던 요대구腰帶鉤이다. 결국 조

---

96 『고구려 고분벽화를 통해 본 고구려 복식에 관한 연구』, 김미자, 서울대 의류학과 교수.
97 『古墳壁畵에서 본 고구려 복식小考』, 朴京子, p.13.

령왕이 말한 '호_胡'는 동호를 가리킨다. 한민족은 예로부터 동호, 선비족과 함께 살았으므로 좌임이 본래의 옷 여밈 새였지만, 오랜 세월에 걸친 중국의 지배로 인해 한화되면서 우임과 좌임의 혼용 형태를 취하게 되었던 것이다.

학계에서는 호복의 좌임을 기마민족인 북방민족들이 활을 쏘기에 편리하도록 선택된 임형이라고 인정한다. 우임일 경우 활을 쏘기가 불편하다는 것이다. 그러나 필자는 학계의 이런 해석은 설득력이 결여된 것이라고 간주한다.

양궁 선수들은 활을 잡은 왼편 팔목에 '가슴받이'를 착용한다. '가슴받이'는 화살이 가슴에 쓸려 날아가는 속도와 방향에 영향을 미치는 것을 방지하기 위한 것이다. 그런데 좌임이 활쏘기에 편리한 임형이라는 견해에 명분을 제공하는 고구려 고분의 수렵도(무용총)를 보면 우임 궁수가 두 명이고, 좌임 궁수는 한 명뿐이다. 활을 당기는 자세는 오른손으로는 활대를, 왼손으로는 활줄을 잡고 왼쪽으로 당기는 궁법보다 그 반대의 경우가 더 많다. 이 경우 좌임보다 우임이 발사된 화살과 옷의 마찰이 더 감소될 수밖에 없다. 옛날에는 대궁이 많아 활을 발사할 때 귀부리까지 만궁으로 당기는 경우가 많아 옷 쓸림도 더 심했을 것이다.

일본은 전통 활쏘기를 할 때 활을 잡는 손의 소매부터 가슴 부
분까지를 아예 벗어버린다. 몽골은 최소한의 걸리적거림을 없애
기 위해 확실한 우임으로 전향했다. **98**

**오랜 활쏘기 전통을
자랑하는 티베트 민족**
티베트 민족은 활쏘
기의 유구한 전통을
가지고 있다.
그럼에도 그들 복식
의 임형은 좌임이 아
닌 우임이다.

왼손으로 활대를 잡고
오른쪽 옆구리 쪽으로 활
을 당기는 궁법이 더 많다
고 할 때(무용총 수렵도) 도
리어 좌임은 활의 발사에
유리한 것이 아니라 불리하다고 보는 것이 옳다는 결론이 도
출된다. 뿐만 아니라 활은 고대 중원에서도 무기나 수렵도구
로 사용했다. 중원지역에서 출토된 돌화살촉이나 뼈바늘을
미뤄보아도 한인漢人들도 신농 이전 수렵생활을 했음을 입증
해준다. 농경으로 전향한 후에도 군대는 전쟁에서 활을 무기
로 사용했다. 삼국지에도 제갈량이 짙은 새벽안개와 허수아
비를 빌어 조조에게서 화살을 구하는 장면이 나온다.

이로 볼 때 좌사左射 궁수는 왼손잡이거나 좌임복식을 입은
사람일 경우에 한할 뿐이지 좌임이 꼭 활쏘기의 편리를 도모
하여 착복한 것이라는 주장은 타당성이 없음을 알 수 있다.

필자가 보건대 호복의 좌임은 기마와 풍향 그리고 음양사상
과 관련이 있다고 생각한다. 흉노나 동호 등 북방민족들은 기

---

98 『활쏘기 복장의 우임과 좌임』, 영산정 다음카페.

마민족으로서 대부분 시간을 말잔등에서 생활한다. 말을 탈 때에는 왼손을 앞쪽으로 들어 고삐를 잡고 오른손을 뒤로 내려 채찍을 잡는다. 말을 달리면 왼쪽 반신은 솟구쳐 오르는 반면 오른쪽 반신은 아래로 처질 수밖에 없다. 오른팔로는 채찍을 휘둘러 말을 편달해야 하니 팔이 아래로 드리운 상태에서 진동까지 심하다. 이런 자세에서는 자연히 오른쪽 옷섶이 벗겨지고 어깨가 드러난다. 오른쪽 옷섶이 아래로 흘러내리는 것을 막는 방법은 단 하나뿐인데 오른편 옷섶을 왼편 옷섶 위에 덮고 왼쪽 옆구리에 묶는 것이다. 이것이 바로 좌임이다.

임형에 영향을 미친 다른 하나의 무시할 수 없는 요인은 북방지역과 중원지역의 계절풍이다. 북방민족이 생활하던 중국 동북지역과 한반도의 북쪽은 전형적인 편서풍지대이다. 편서 계절풍은 북위 $30°\sim 60°$까지 부는데 그중에서도 $40°\sim 50°$ 지역에서 가장 강하게 분다. 이러한 계절풍은 무려 3계절 동안이나 지속된다. 변화가 있어 봤자 북서풍이다. 이 지대는 다름 아닌 고구려, 흉노, 선비, 동호, 몽골 등 북방민족들이 생활하던 곳이다.

이와는 반대로 중원지역의 계절풍은 동풍이다.

북방은 물론이고 중원 사람들도 북쪽을 등지고 따스한 남방을 향해 살아간다. 거친 땅에 살던 북방민족은 한시도 중원의 비옥한 토지와 살기 좋은 곡창지대를 열망하지 않은 적이 없다. 실제로도 흉노, 선비, 몽골족은 모두 남쪽으로 쳐내려가 중원을 점령했던 역사를 가지고 있다.

남쪽을 향했을 때 북방은 서풍을 견제해야 추위를 덜 수 있다. 옛날에는 직조기술이 낙후되어 홑옷을 입는 경우가 많았다. 고구려인들은 속옷도 입지 않았다고 한다. 우임일 경우 서풍에 옷섶이 벌어지면 속살이 노출되어 추위가 몸 속으로 스며들 수밖에 없다. 좌임은 이런 불편함과 무례함을 극복하는 가장 적절한 임형이었을 것이다. 흉노족은 기마 시에 옷섶이 열리면 추위를 막고, 하신이 드러나는 수치를 면하기 위해 웃옷과 아래옷을 잘라 통이 좁은 바지를 따로 지어 입었다. 이것이 저고리와 바지의 분복分服의 시작이다.

반면 중원의 한족漢族들은 남쪽을 향했을 때 동풍을 막아야 하므로 우임이 자연환경과 가장 잘 어울리는 임형 형태였을 것이다.

마지막으로 좌우임의 분리에 영향을 끼친 것은 음양사상이다. 남쪽을 향해 섰을 때 해가 떠오르는 동쪽은 왼편이고 그곳에는 양기가 존재하기에 이로부터 왼쪽을 존중하는 습속이 생겨났다. 오른쪽은 서쪽이고 음陰이 거居하는 방향이기에 등한시된다. 중국인들의 좌존우멸左尊右蔑사상은 그들의 전통예법인 공수자세에서도 잘 표현되고 있다. 남자는 오른손 위에 왼손을 포개고 여자는 그 반대이다. 이 같은 좌존左尊 습속은 의복의 임형에도 많건 적건 일정 부분 반영되었을 것으로 간주된다. 공자가 북방 야인들을 '피발역복被髮易服'을 한 족속들이라 하여 오랑캐로 비하한 것은 이들이 이러한 예법을 무시하였기 때문이었을 것이다.

관중이 환공을 도와서 제후의 패자가 되어 한번 천하를 바르게 하니 백성이 지금에 이르기까지 그 혜택을 입고 있으니 관중이 없었다면 우리는 머리를 헤치고 좌임을 하는 오랑캐가 되었을 것이다.[99]

고구려의 복식은 한마디로 호복과 중국 복식을 절충한 것이다. 북방의 추위와 바람 때문에 호복을 버릴 수가 없었을 것이며, '동방예의지국'의 영예를 지키기 위해 중국 복식을 버릴 수 없었을 것이다. 치마를 입고도 그 안에 바지를 껴입는 고구려 고분벽화의 여인의 복식이 고유 문화와 이방인 문화와의 사이에서 고민, 방황했던 당시의 생활상을 잘 설명해주고 있다.

애석하게도 한국 복식은 역사적인 긴 방황 속에서 고유성을 상실하고 지금에 와서는 그 원형마저 찾을 길이 없게 되었다. 한국사의 가장 두드러진 특징, 모방의 역사가 만들어낸 문화로 인하여 바닥 없는 논란의 깊은 수렁에 빠져들고 만 것이다. 박래품舶來品을 내 것이라 억지 부리지 않으면 아무것도 없는 문화 거지가 우리의 진정한 모습이라 할 때 한민족 공동체의 일원으로서 슬프고 통탄하지 않을 수 없다.

그러나 진실은 진실일 뿐이다.

---

99 『논어』 「헌문」.

2. 저고리와 바지 그리고 치마

 과연 한민족에게만 고유한 전통 한복은 존재하는 것일까?

 존재한다면 그 시원은 언제부터일까?

 그 누구도 간단명료하게 답변할 수 없을 것이다.

 저고리와 바지는 유고라 하여 북방에서 생활하던 민족들이 두루 입은 호복이다. 저고리와 치마는 상의하상上衣下裳이라 명명된 중국 복식이다. 고구려 고분벽화의 여인들은 바지 위에 치마를 덧입고 있다. 바지, 저고리 차림새도 아니고 치마, 저고리 차림새도 아닌 정체불명의 복장이다.

 중국에 비해서 우리나라는 기원전부터 북방유목민족 계통의 복장인 바지와 저고리의 고유 민족 복식을 착용하였다. 여기에 중국으로부터 영향을 받아 상裳을 받아들여 바지 위에 입게 되었다.[100]

 저고리와 바지는 고유 복식이고, 치마는 박래품이라는 말이다. 그런데 오늘날 전통 여성 한복의 대표 복식은 치마, 저고리이며, 바지와 저고리는 동아시아 전역의 유목민이 공통으로 착복해온 범세계적인 복식이다.

---

100 『한국의 복식문화』, 경춘사, 백영자, 최해율, 2001년 8월 25일, p.7.

그런대로 한복이 호복과 중국 복식의 영향에서 벗어나 자신만의 고유성을 가지고 새롭게 태어난 것은 고려시대의 온돌문화와 불교의 숭상과 깊은 연관이 있다. 즉 온돌과 불교의 영향으로 기존의 저고리와는 다르게 섶에 고정된 옷고름이 고안되고 길이가 짧아진 저고리가 탄생한 것이다.

호복으로서의 고대의 저고리는 우선 한복 저고리와 길이에서 차이가 난다.

끝자락이 허리까지 내려오는 것이 본래의 저고리 모습이다.[101]

고분벽화 인물들은 저고리에 허리띠를 두르고 있으며 고름이나 단추 따위는 보이지 않는다. 이는 우리 옷의 원형과 북방계고습에 공통되는 특징이며, 큰 고름이 있고 띠가 없는 후대의 저고리와 다른 점이다. 바꿔 말하면 고분벽화 저고리의 띠가 없어지고 고름이 생겼을 때 비로소 우리 전통양식의 저고리가 성립되는 것이다.[102]

'저고리의 형태를 보면 길이는 엉덩이까지 내려오고, 허리에는 띠를 두른'[103] 것이 호복 형태 저고리의 원형이다. 이 저고리가 몽골 옷의 영향을 받아 길이가 짧아지고 허리띠 대신

101 『고분벽화로 본 고구려이야기』, 전호태, 풀빛, 2002년 9월 16일, p.139.
102 『한국의 복식문화』, 임영미, 경춘사, 1996년 9월 20일, p.56.
103 『한국사』 「삼국의 문화」, 탐구당, 국사편찬위원회, 1973~1977년 p.434.

고름이 생겼다는 견해가 조선시대학자들의 통설이다.

그러나 필자가 보건대 이와 같은 주장은 타당성이 결여되었다고 생각한다. '바짓가랑이가 넓고 속옷을 입지 않는'[104] 등 온돌생활에 적합하게 변화된 복식구조가 저고리 변화의 비밀을 푸는 데도 중요한 열쇠가 될 것으로 믿는다.

한국의 온돌은 고려시대 불교의 융성과 함께 발달했다. (본서 제1장 '주거문화 담론' 참고) 저고리의 띠가 없어진 것도 고려 초·중기에 직수형直垂型 저고리가 여밈으로 변하면서 없어졌다고 하니[105], 다름 아닌 온돌이 대대적으로 보급되던 때와 동시기이기도 하다.

온돌에서 여자의 활동 반경은 항상 더운 부엌과 아랫목이었다. 게다가 아이를 등에 업고 가사를 돌봐야 한다. 엉덩이까지 길게 드리운 저고리는 가슴까지 올라간 치마와 겹쳐 가사노동에 불편했을 것이다. 부엌일도 힘들었을 뿐 아니라 아기를 업고 재우고 수유하는 데도 불편할 수밖에 없다. 뜨거운 온돌에서 양육과 가사노동의 편의에 맞게 저고리는 짧아졌다. 조선시대에 이르러서는 유방이 노출될 정도로 짧아졌다고 한다. 이 시점에서 더 이상 저고리는 추위를 막고 여체를 가리기 위한, 전통 개념의 의복이기를 포기한다. 조선시대에 여성의 유방은 모르긴 해도 치부나 성감대가 아니라 단순한 양육

---

104 『한국문화사대계』 IV 「풍속·예술사」, 高大 民族文化研究所, 1970년 2월 28일, p:23.

105 『한국문화사대계』 IV 「풍속·예술사」, 高大 民族文化研究所, 1970년 2월 28일, p:87~97.

의 도구로 인지되었을 법도 하다. 유교 국가이던 당시로서는 여자의 대외 활동 반경이 집 안과 우물, 빨래터 정도였을 터이고, 교제나 면대 범위도 가족성원이나 이웃 아낙네들 정도였으니 가슴을 드러낸다고 하여 패덕으로 낙인찍힐 염려도 별로 없었을 것이다. 가슴 노출은 도리어 아궁이의 화기와 솥에서 뿜어져 나오는 수증기 그리고 지글지글 끓는 아랫목에서 나오는 더위를 쫓을 수 있고, 아기에게 수유하기도 편리하다. 물론 상체 노출로 인한 근친 간의 불륜 같은 불미스러운 폐단도 없지 않았을 테지만 온돌좌식생활에 적응하는 것이 무엇보다 급선무였을 것이라 추측된다.

전통양식의 저고리의 성립에 결정적인 기여를 한 옷고름도 온돌과 결부시켜 그 시원을 고찰할 수 있다.

조선시대 학자들은 옷고름이 몽골인의 영향으로 생겼다고 주장하지만 얼토당토않은 억지 논리이다. 한마디로 옷고름은 승복으로부터 유래된 것이다. 고려는 불교가 비대하고 왕성한 시대였다. 스님들의 수행에 이로운 온돌은 사찰에서부터 시작하여 서민층으로 광범위하게 파급되었다. 의복 역시 같은 경로를 통해 퍼져 나갔다. 이 시기에는 전국 방방곡곡에 사찰들이 우후죽순으로 일떠섰고, 출가승도 그 수가 허다했을 뿐만 아니라 서민들과 스님들과의 문화 교류도 활발했다. 고려시대의 문화는 사찰을 구심점으로 하여 전국으로 전파되었다고 해도 과언은 아닐 것이다. 그러니 승복이 속인들의 복식에 영향을 주었다고 해서 이상할 것은 하나도 없다.

위에서도 언급했듯이 허리에 매던 띠는 저고리의 길이가 짧아지면서 그 기능이 날로 쇠퇴하게 되었다. 그러나 저고리가 아무리 짧아도 섶을 열어놓고 다닐 수는 없다. 그리하여 도태된 띠를 대신하여 고안된 것이 옷고름이다. 덥거나 추울 때 또는 수유를 할 때 풀었다 다시 매기도 수월했다. 띠를 풀었다가 다시 찾아서 매야 하는 수고도 덜 수 있었다.

이 옷고름이 다름 아닌 승복 저고리에 달려 있었다는 얘기다. 승복의 일종인 장삼은 "오른쪽 깃 끝과 왼쪽 겨드랑이 안에 고름을 달아서 매도록 되어 있으며, 겉에는 가는 고름을 달아 묶도록 되어 있다. 옛날에는 세조대細條帶를 달아서 가슴부분에 묶었다"[106]고 한다.

장삼은 중국의 심의深衣나 표의表衣라고도 하지만 장삼은 편삼과 군裙을 합쳐 만든 승복이라는 주장이 우세하다. 『선원청규禪苑淸規』권7에는 편삼과 군자를 착용했다는 기록이 있다. 편삼은 중국 북위北魏(386~419년) 때 혜광慧光선사가 왼쪽 어깨에서 오른쪽 옆구리에 걸쳐 착용하는 승지기僧祇支에 오른쪽 어깨에서 왼쪽 어깨에 걸치는 복견의覆肩衣를 만들어 소매를 붙인 뒤 승지기와 복견의를 합하여 만든 승복이다.

우견의 승지기와 좌견의 복견의를 합칠 때 등 부분은 고정시켜 꿰매고, 앞부분은 여닫기 편리하도록 섶과 고름을 만들어 달았을 것이다. 그러니 옷고름의 시작은 바로 이 편삼이라

---

106 인터넷사이트자료.

한국 전통문화의 허울을 벗기다─한·중 문화 심층 해부

할 수 있다.

장삼은 당나라 때 직철이라 불렸는데 편삼과 군을 연결하여 만든 승복이다. 당말 중국에서는 속복俗服의 형태로 사찰 내에서 작무作務의 용도로 쓰였지만 선종이 형성되면서 직철의 형태가 완비되고 도구의道具衣로 불리면서 선종 계통에서 착복하던 승복이다.[107]

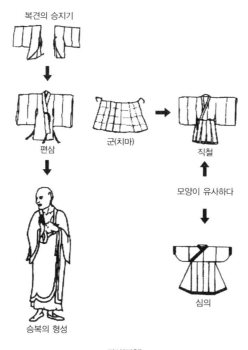

복견의 승지기

편삼

군(치마)

직철

모양이 유사하다

심의

승복의 형성

편삼(직철)

---

107 다음 카페 자비수행도량. 「清規에 나타난 僧家服飾에 대한 고찰」, 신공 스님.

직철直綴은 직철直裰이라고도 한다. 편삼偏衫과 치마를 이어 붙여서 만든 승복이다. 중국에서는 당나라 때 선종에서 많이 입었다. 『골동삼전통기유초骨同三傳通記糅鈔』 권26의 기록에 따르면 당나라 때 혜해대지선사慧海大智禪師가 편삼과 치마를 연결하여 만든 것이 직철의 기원이라고 한다. 『위녹魏錄』에 의하면 일찍이 위魏나라 때부터 직철을 입었다고 한다. 송나라 때까지도 입었다. 이처럼 저고리는 중국에서 들여온 직철을 사찰에서 스님들이 입었고 다시 서민층으로 퍼져 나간 것이다.

길이가 짧아진 저고리와 섶에 붙여진 옷고름은 더운 온돌에서 아기를 업고 젖을 물릴 때, 열었다가 여미기가 간편한 여성 복식임에 틀림없다. 고려시대는 물론이고 조선시대까지도 생육은 가정생활의 최대 관심사였다. 그것은 먹고 사는 생존권과 직결된 중대사이기도 했다. 저고리의 형태는 바로 이런 생활의 필요에 적응하는 방향으로 구조적인 변화를 거쳐 오늘날 우리가 볼 수 있는 한복으로 새롭게 태어난 것이다.

바지는 기마민족인 유목민의 발명품이다. 호복, 고, 대구고, 궁고窮袴…… 이런 낱말들에 대한 개념적 해석은 이젠 상식이 되어버렸기에 본서에서는 생략한다. 호복과 구별되는 한복 바지의 특징에 대해서만 논의 대상으로 삼으려고 한다. 즉 통이 넓은 바짓가랑이나 대님에 대한 언급으로 그칠 것이다.

먼저 가랑이 폭이 넓은 대구고를 고구려에서만 입었다는 주장은 일리가 없다는 것을 지적하고 넘어가야겠다. 바지가 성행하던 위진남북조시대에 중국에서는 통이 넓은 대구고에 품이 좁은 습褶을 입었다. 바짓가랑이가 넓어 3尺의 비단 띠로 무릎 부근을 단단히 동여맸다고 전해지고 있다. 중국에서도 그렇거니와 고구려에서도 '대구고는 귀인들의 하복下服'이었고 '궁고는 하서인下庶人의 하복下服'[108]으로 신분에 따라 착용도 각이했다.

호복과는 달리 한복 바지의 가랑이가 통이 넓은 것은 고려 시대의 온돌 보급과 관련이 있을 듯싶다. 더운 온돌에서 좌식 생활을 하는 데 통풍도 잘 되고, 앉았다 일어나는 좌립에도 편리하여 날이 갈수록 폭이 넓어졌던 것이다.

대님에 대해서는 많은 가설들이 난무한다. 아래에 그중 일부 견해를 간추려보았다.

바지의 맵시가 아름답다.

허리 아래가 따뜻하여 건강에 이롭다. 머리 부위는 차고, 발은 따스하다. 두한족열頭寒足熱.

삼음교三陰交라는 경혈자리를 자극하여 건강에 이롭다.

발목을 날씬하게 하여 건강한 체형을 유지한다.

아침, 저녁으로 대님을 묶고 풀며 생각하는 삶을 산다.

땅에서 올라오는 음기를 차단한다.

---

108 『한국사』8 「삼국의 문화」, 탐구당, 국사편찬위원회, 1973~1977년, p.442.

이러한 장점들은 죄다 과학이 발달한 오늘을 사는 현대인의 시점에서 해석하고 가치를 부여한 것이지, 실제로 이러한 이로움 때문에 옛 조상들이 대님을 고안하고 착용했던 것은 결코 아니다. 복식의 기원과 변천은 그 민족이 처한 자연환경과 생활 여건에 의해 결정되는 것이다. 여기에 하나 더 추가한다면 종교적 의미일 것이다.

애초에는 바지 아래가 터졌고 바지 아래에 대님이 달렸을 것으로 생각된다.[109]

한민족의 생존환경은 지정학적으로 고대로부터 산악지대였다. 바짓가랑이의 통이 넓으면 관절이 굴절되는 온돌에서의 생활은 편리하지만 밖에 나오면 추위가 스며든다. 산간지대에서의 활동에서도 뱀이나 개미, 곤충 등의 습격과 가시나무, 나무뿌리, 풀뿌리 등에 고스란히 피부가 노출되고, 땅의 차가운 음기 등으로 인해 건강에 해로울 우려가 많다. 대님은 이러한 산간지대라는 특수한 생활환경에 적응하기 위해 생겨난 복식구조이다. 특히 스님들은 일 년 사계절을 산속에서 지내고 동굴에서 수행하므로 개미, 뱀, 독초, 냉기 등 자연으로부터 오는 침해를 대님을 착용함으로써 효과적으로 차단했던 것이다. 스님들은 대님을 묶을 뿐만 아니라 무릎에 행전까지

---

109 『한국문화사대계』 IV 「풍속·예술사」, 高大 民族文化硏究所, 1970년 2월 28일, p.97.

두른다.

바지통이 넓어 무릎 아래를 비단 띠로 묶는 방법은 위진남
북조 시기에 유행한 중국 복식인데, 군인이 말을 탈 때 민첩성
을 보장하기 위해서 생겨난 것이다.

　　무릎 여미기는 진한 시기 중국의 고袴에도 보인다.[110]

물론 기마민족인 흉노 등 북방민족의 바지도 무릎을 띠로
묶는다.

마지막으로 치마의 도련에 대해 한마디하고 이 절을 끝내려
한다.

치마는 원래 한국 고유의 복식이 아니다. 중국 복식이 전래
된 것이다. 그런데 원조인 중국의 치마에는 없는 한복 치마에
도련이 생긴 것은 어떤 연유에서일까?

　　중국에서 속옷이던 치마가 한복의 겉옷이 된 것은 후한 말, 삼
　국 시기이다.[111]

바지는 대님으로 묶으나 치마는 묶을 수 없다.

한복 바짓부리(대님) 묶기는 6세기까지이고, 선(도련)을 두

110 『한국고대복식』, 박선희, 지식산업사, 2002년 11월 15일, p.457.

111 『한국문화사대계』IV 「풍속·예술사」, 高大 民族文化硏究所, 1970년 2월 28일, p.446.

른 것은 7세기이다. 대님 대신 고안해낸 것이 치맛단에 선(도련)을 둘러 상징 선을 그은 것이다. 무속에서의 금줄과 같은 역할을 했을 것으로 짐작된다. 사실상 치마 안에 바지를 입어 피부의 직접적인 노출은 방지하고 있지만 치마에 한 번 더 선을 그음으로써 자연으로부터 침습하는 불결한 기운들(여자에게는 치명적인 습기, 냉기, 가시, 독소, 곤충과 벌레, 뱀 등을 방지하려는 주술적 의미)을 차단하는 샤먼적 의미를 내포하고 있다.

3. 백의민족의 의미

백의민족은 한국의 전통문화 중에서 가장 자긍심을 느끼게 하는 몇 안 되는 우량문화를 나타내는 것 중 하나이다. 순결, 청정, 평화, 신성, 광명, 태양 숭배 등 화려한 자화자찬으로 포장되어 있다.

그러나 필자는 한민족의 백색선호문화에 대한 기존의 주장과는 전혀 다른 견해를 피력하고자 한다.

민족문화의 형성과정은 그 민족이 처한 자연지리적인 생존환경과 떼려야 뗄 수 없는 밀접한 연관성을 가지고 있다.

중국인들이 노란색이나 빨간색을 선호하는 데는 다 그럴만한 이유가 있다. 한족漢族의 발상지인 중원 일대의 토양은 전형적인 황토지대이다. 신농 시절부터 농경민이던 한인漢人들은 황하 주변의 황토고원과 평야에서 조, 기장, 밀, 옥수수, 수수 등을 경작했는데 이 곡식들의 색깔은 토지의 색깔과 동일한 황색이다. 농경민에게 토지와 곡식은 생존의 전부라고 해도 지나친 표현이 아닐 것이다.

농경민은 하늘과 태양을 믿고 농사를 짓는다. 그 태양의 색상은 다름 아닌 붉은색이다. 붉은색은 또한 피를 상징하기도 한다. 『삼국지』에서는 제후국들 사이에 맹약을 체결할 때 말을 잡아 그 피를 마신다는 기록이 나온다. 피는 생명의 색깔이다. 생명은 가장 귀중하고 그래서 아름답다. 여성의 뛰어난 자색을 붉은색에 비유하는 이유가 여기에 숨어 있다.

한편 색상의 이미지를 보면 노란색은 레몬, 황금, 식품, 낙엽 그리고 온화함이다. 더운색의 이미지는 온난, 활력, 기쁨, 달콤함, 열정, 적극적, 활동, 아름다움 등이다. 붉은색은 불, 피, 태양, 동방 등을 은유한다.

이처럼 중국인들이 황색, 적색을 선호하는 이유는 그들의 농경생활환경과 결부되어 있다. 그러면 한민족에게 흰색을 선호하도록 유도한 생존환경이 궁금해지지 않을 수 없다.

한국인들이 선호하는 흰색을 중국인들은 죽음의 색깔로 인지하고 기피한다. 특성 또한 모호하여 더운색도 찬색도 아닌 중성색이다. 해당 색깔조차 없는 무채색(회색, 검은색과 나란히)이다. 백색의 온화하고 안정되고 평범한 이미지는 다른 어떤 유채색과도 혼합할 수 있다는 특성 때문에 개성과 고유성이 결여되어, 타자에 의존해야만 비로소 존재감이 부유하는 한민족의 특성과 너무나 닮아 있어 소름마저 오싹 끼친다. 순결, 평화, 신성, 광명 중 어느 것도 역동적이고 활동적인 이미지는 보이지 않는다. 온화하고 정적이고 소극적이기만 하다.

한민족이 너무나 평범하고 수수한, 정적인 이미지가 강한 흰색을 선호하게 된 이유는 온돌에서의 좌식생활에서 형성된 문화 현상이라고 할 수 있을 것이다. 온돌에 앉아 있거나 누워 있는 자세는 조용하고 정적이며 청결하기까지 하다.

여담이지만, 이와 같은 한국인의 백색선호문화에 한몫을 했던 것은 염색기술의 낙후와 옷이 더러워질까 두려운 나머지 외부활동을 꺼려하는 데서 비롯된 게으름까지 추가되었다. 옷감의 색깔은 기본상 백색이다. 모시 섬유는 순백색이고, 무명의 원료인 목화는 소素백색이며, 명주를 짜는 누에고치도 흰색이다. 단 한 가지, 삼베(대마포)만이 원색이 갈색이다.

염료는 고려 시기에도 중국에서 수입했다고 하니 서민들에게까지 유색 옷감이 차례지기는 어려웠을 것이다. 흰색 옷감은 그대로 옷을 지어 입으면 염색하는 노고도 덜고 경제적인 낭비도 줄일 수 있어 그야말로 일거양득인 셈이다.

성종 원년(982년) 정광 벼슬에 있던 최승로가 조정에 올린 시무책에 문양과 채색 옷감이 모두 수입한 것이기에 국가 재정이나 국부 유출이 염려된다고 했다. 고관대작들은 송나라 고급채색 비단옷을 입었다.[112] 이로 미루어 볼 때 고려시대 염료생산기술이 낙후했음을 알 수 있다.

백의민족 형성에 대한 학계의 기존 주장 중에도 염료생산과 염색기술 부족이라는 말이 나오고 있다. 한민족의 백의 선호 문화에 대한 학계의 여러 가지 설을 한곳에 모아 보았다.

(1) 상례와 제례에 치중한 나머지 유교적 상복 착복 시기가 길어 습속화 되었다. 이 주장에 대해 상복의 원료인 삼베가 흰색이 아니라 갈색 또는 황색이므로 근거가 없다는 반론도 만만치 않아 학술적 진실성이 문제시되고 있다. 고려

---

112 『고려사』, 덕종 3년, 1034년.

가 원나라에 망하면서 조의를 표시하기 위한 풍습에서 유래했다는 일본 학자들의 주장도 있다. 야나기는 백의 습속이 '조선민족이 겪은 고통이 한으로 맺힌 옷'이라고 정의를 내리고 있다.

(2) 한국의 염료생산과 기술 부족이 그 원인이라는 설이다. 염료 값이 비싸서 물감을 들일 수 없었다는 이유를 들고 있다.

(3) 태양을 숭배하는 원시종교성에서 백의를 입었다는 최남선의 「조선상식문답」의 논리이다. "태양의 자손으로서 광명을 표시하는 흰 빛을 자랑삼아 흰옷을 입다가 나중에는 온 겨레의 풍속이 되었다"는 것이다. 그러나 아이러니하게도 '태양은 흰색이 아니라 붉은색'이라는 이유로 최남선의 주장을 논박하는 학자도 있다.

한마디로 상술한 여러 가지 가설 중 염료생산기술 낙후설을 제외한 나머지는 백의민족의 배경을 일목요연하게 밝히지 못하고 있음을 알 수 있다.

일단 고려와 조선시대 한국인이 살고 있던 주변 상황을 잠깐만 일견해도 그 원인을 금시 알 수 있다. 한국인은 흰색이 꽉 들어찬 공간에서 일상생활을 하고 있다. 주식인 밥과 떡도 흰색이고, 창과 미닫이, 벽지 또한 죄다 흰색이다. 안벽과 천장도 흰색으로 도배한다.[113]

---

113 『한국의 살림집』, 申榮勳, 悅話堂, 1983년 8월 5일, p.417.

먹물로 회색이 들도록 염색한 도배지도 있었다. 조선시대벽지의 주류는 백자白磁와 마찬가지의 대황색帶黃色이나 상아색象牙色, 대회색帶灰色의 색깔을 지닌 것들로서 청초하고 단아한 성정性情이 담뿍 깃든 그런 것이었다. 이는 흰색 계통의 옷을 즐겨 입는 습관과도 관련이 된다고 생각해볼 수 있을 것이다.

… 동이 트면 마당의 백토가 우렷이 흰 빛을 더해간다. 달빛보다 더 흰색 비례의 마당이다. 댓돌이 희면, 섬돌이 희면 마당과 더불어 대지는 희멀겋게 광활한 빛을 뿜는다.[114]

창호지에서부터 벽지에 이르기까지 방 안 전체를 장식하는 흰색 한지韓紙의 역사는 서기 1500~1600년으로 거슬러 올라간다. 현존하는 한지로는 신라시대의 다라니인데 지금으로부터 750년 전의 것이라고 한다. 한지는 닥나무[115]와 닥풀[116]로 만드는데, 겉껍질을 제거하면 하얀 속껍질만 남는다. 고려 인

---

114 동상서, p.420.

115 뽕나무과(─科 Moraceae)에 속하는 낙엽관목. 키는 3m 정도 자란다. 잎은 어긋나고 흔히 2~3갈래로 나누어지며 가장자리에는 잔 톱니와 가시가 있고, 잎 양쪽에 가는 가시가 달린다. 꽃은 잎이 나올 때 암꽃과 수꽃이 한 나무에 따로따로 무리 지어 핀다. 수꽃은 새로 나온 가지의 아래쪽 잎겨드랑이에서 피며, 암꽃은 위쪽 잎겨드랑이에서 핀다. 열매는 둥그렇고 6월에 붉은색으로 익으며 겉에는 아주 작은 가시들이 달려 있다. 나무껍질 속의 섬유를 뽑아내 창호지를 만드는데, 이 창호지를 얻기 위해 닥나무를 심고 있으며 조선시대에는 닥나무 껍질로 만든 종이로 저화(楮貨)라는 돈을 만들어 쓰기도 했다. 한국 전 지역에 분포하며, 양지바른 산기슭이나 밭둑에서 잘 자란다.

116 아욱과의 한해살이풀. 줄기는 높이가 1미터 정도이며, 잎은 어긋난다. 8~9월에 노란 꽃이 줄기 끝에 피고, 열매는 타원형의 삭과(蒴果)로 거친 털이 많이 나 있다. 뿌리는 종이를 뜨는 데 쓴다. 아시아 동부가 원산지이다.

종 23년에는 왕명으로 닥나무 심기를 권장하고, 명종 19년에는 법제화되었다. 조선시대부터 보편적으로 사용되었다고 하니 흰옷도 아마 고려 중·후기부터 입기 시작하여 조선시대에는 광범위하게 보급되었을 것으로 추정된다.

한지로 하얗게 단장한 방 안에서 마당에 깐 백토를 내다보며 살았다. 창밖으로 통과한 시선은 산에 막히고 흰구름을 따라간다. 시선은 산과 언덕에 막혔지만 구름은 자유롭게 넘나든다. 시야의 한계를 타파하는, 그 신비한 기능을 가진 구름은 바로 흰색이다. 흰색에 대한 동경은, 한계를 초월하는 구름의 자유를 부러워하고 구름에 마음을 실어 보내면서 형성된 것이다. 산간지역은 겨울에는 백설로 덮이고, 여름에는 골짜기에 우윳빛 안개가 하얗게 깔린다. 어디를 보아도 흰색뿐이다.

한편 흰색은 쉽게 더럽혀지는 단점이 있어 그러지 않아도 온돌좌식생활로 인하여 활동공간이 위축된 한국인의 행동 반경을 더욱 축소하는 역작용을 놓았다. 세탁도 자주하여 힘이 낭비되었으며, 온돌좌식생활과 백의 습속은 안일함과 편안함을 추구하는 게으름과 백색 결벽증을 유발하는 원인을 제공하기도 했다.

제4장
농기구와
문화 담론

인류를 동물이라는 포괄적 울타리로부터 구출하여 만물의 영장으로 진화시킨 최대의 공신은 직립보행과 도구의 사용이었다. 도구를 제작하고 사용할 줄 아는 동물은 오로지 지능적인 인간뿐이다. 도구의 제작과 사용은 열 손가락을 모두 움직여야 하는 고난도의 수공기술로서, 두뇌의 발달을 촉진함으로써 인류를 동물의 영역에서 분화하는 결정적인 계기를 제공하였다. 인류는 석기시대로부터 석기, 목기, 토기, 동기, 철기와 같은 도구들을 제작하여 생계와 생산 활동에 유용하게 활용해 오면서 야만과 미개의 영역에서 탈피할 수 있었다.

도구의 제작과 사용은 수렵시대의 활이나 창과 같이 먹잇감의 획득을 원만하게 보장해주었으며, 괭이나 보습처럼 농경의 발전을 가속화하는 데 일조했다.

본 장에서 논의하려고 하는 농기구는 농경민의 생존과 밀접하게 결합된, 농경문화의 주요한 구성 부분의 하나로서 연구가치가 충분하다. 농기구는 일단 생산성을 제고하여 충분한 음식물을 확보함으로써 신체발육과 성장을 담보해주는 역할을 담당한다. 뿐만 아니라 사용하는 농기구의 기능과 형태의 차이에 따라 특정한 민족의 신체발육과 건강, 체형을 결정하기도 한다.

본 장에서는 고유성을 띤 한국의 대표적인 농기구 몇 점을 담론 대상으로 선별하여 중국 농기구와의 비교를 통해 한민족의 신체 발달에 미친 영향에 대해 심도 있는 논의를 전개하려고 한다.

1. 멜대와 지게 그리고 문화 현상

농기구는 인류의 농경 시작과 함께 보조를 맞춰 유구한 역사를 거치며 발전을 거듭해온 인류 총체적 문화의 한 구성 부분이다. 농기구는 민속의 단면을 반영할 뿐만 아니라 해당 민족의 성격, 체형의 변화에 일정한 영향을 미치므로 문화 텍스트로 연구할 가치가 충분하다.

지게를 한국 농기구의 첫 번째 담론 대상으로 삼은 것은 그 고유성과 보편성 때문이다.

우리나라 민속물 중 거의 대부분이 중국으로부터 전래됐지만, 지게만은 우리 조상들이 각종 운반 수단으로, 짐을 나르기 위한 방법으로 창안한, 나무로 만든 운반기구로서 우리 민족 고유의 창작품이란다.[117]

농기구의 대부분이 중국에서 전래되었을 뿐만 아니라 고대 한국에서는 별로 발달하지도 않았다. 고구려 벽화에도 방앗간과 외양간의 모습 말고는 농경과 관련된 그림이 없다.[118]

그런데 농경시대부터 숨 쉬어 온 우리 신체의 일부분이나 다름

---

117 『인터넷신문』 「애환을 같이 한 우리 민족 고유의 창작품―지게」, 2007년 11월 2일.
118 『한국의 농기구』, 박호석 외 지음, 어문각, 2001년 6월 30일, p.62.

없는 지게만은 그 역사가 유구할 뿐만 아니라 한국인은 지게가 없이는 하루도 생활할 수가 없었다.[119]

지게라는 말은 1690년 청나라 교본인 『역어유해譯語類解』와 1748년 만주어 자습서인 『동문유해同文類解』에 '배협자背狹子'라는 낱말로 나타난다. 한국어 최초 기록은 1766년에 간행된 『증보살림경제』인데 '부지기負持機'라고 적혀 있다. 이로 미루어보아도 그 역사가 자그마치 300년 이상 된다.

신라시대에 발굴된 토우에는 지게와 비슷한 것을 등에 진 사람이 있는데 이것이 지게라면 그 역사는 유구하다고 할 만하다.[120]

또한 1908년 11월 11일자 〈대한매일신보〉에 고려장과 관련된 기사와 1882년 그리피스의 '의자의 나라 한국'에도 고려장(Korai-chang)이라는 기록과 지게가 나온다.[121]

아무튼 '신라시대 이전부터 손으로 들기 어려운 것은 모두 지게로 날라'[122] 지게는 명실상부한 한국의 대표 운반 도구가 되었으며, '집 식구 수에 따라 지게를 장만'할 정도로 상용 농

---

119 〈남해신문〉.
120 「자연과 함께 배우는 장전리 한자 생태 체험 학교」 '오르마네' 〈지게이야기/오르미〉.
121 「'고려장은 없었다'에 대한 약간 다른 생각」, 한겨레 사설, 이순우.
122 『한국의 농기구』, 김광언, 백산자료원, 1986년 5월 15일.

한국 전통문화의 허울을 벗기다-한·중 문화 심층 해부

기구가 되었다고 한다.

농경생활을 하던 '수천 년 동안 조상 대대로 대물림해 온 전통적 지게'[123]는 가히 한국의 전통 농기구를 대표할 만한 고유성과 보편성을 지니고 있다.

중국의 농기구에서 지게와 비견할 만한 민속 물품은 아마도 멜대일 것이다.

중국에서는 남자가 짐을 운반할 때 어깨에 메지 등에 지지 않는다. 하나의 나무 막대기 양 끝에 물건을 매달아 어깨에 메는데 편담扁担이라 부른다. 한 번에 멜 수 있는 무게는 100근이나 되며 물이나 땔감을 운반하는 데에도 이 방법을 쓴다.[124]

멜대의 사용 역사는 농경의 역사만큼이나 유구하며, 그래서 중국인들의 대표적인 농기구의 영광을 누리게 된 것이다. 고고학적으로 발굴된 자료에 근거하더라도 멜대의 기원은 멀리 한대漢代로 거슬러 올라간다.

1994년 하남성河南省 남양南陽 무덤에서 출토된 한 점의 화상석 하단부에 한 폭의 농경 장면이 조각되어 있다. 볏모가 자라는 논밭에서 한 농부가 손에 호미를 들고 두 다리를 벌린 채 김을 매고

---

123 〈남해신문〉.
124 『연행일기(燕行日記)』「산천풍속통론(山川風俗統錄)」, 김창업.

있다. 농부는 머리에는 모자를 쓰고, 발에는 신을 신었다. 농부의 등 뒤로는 저고리를 입고 머리를 빗은 한 여성이 멜대를 메고 다가오고 있다. 멜대 앞쪽에는 동이 같아 보이는 물건이 매달려 있고, 뒤 끝에는 광주리 같아 보이는 물건이 매달려 있다. 당연히 농부에게 새참을 날라 오는 여인일 것이다.[125]

농경도(한화상석)
중국의 멜대 사용은
멀리 한대(漢代)까지
거슬러 올라간다.

사천성 성도에서 출토된 화성석에도 그림 우측에 어깨에 대롱을 멘 농부가 그려져 있다.

지게와 멜대는 동일한 운반기능이 있지만 인체공학적으로 접근해보면 그 영향이 전혀 판이하다는 점에 유의할 필요가 있다.

멜대는 몸에서부터 분리된 거리감을 이용하여 중력의 압박을 상하 좌우로 분산시킨다.

그림에서 볼 수 있듯이 중량은 인체와의 접촉점인 ①의 위

125 『中国农具发展史』, 周昕 著, 山东科学技术出版社, 2005년 1월 1일, p.430.

한국 전통문화의 허울을 벗기다-한·중 문화 심층 해부

치에서 분리되어 있는 ②
와 ③에 분할된다. 멜대의
좌우로 분산될 뿐만 아니
라 멜대 끝에 연결된 끈의
길이에 의해 다시 한 번 분
배된다. 걸음을 옮길 때마
다 리듬을 타며 절주 있게
움직이는 멜대의 탄력은

멜대를 멘
사람의 모습

어깨에서 발끝으로 향하는 하향 수직 중력을 어깨 위로 상향
수직 분산시킬 수 있다. 끈의 흔들림은 중력의 수직성을 수평
화하며 전후좌우로 분해시켜 걸음을 옮기기가 쉬울 뿐만 아니
라, 인체에 가해지는 압력지수도 감소한다. 손으로 끈을 잡고
율동과 균형을 조절하고 두 어깨와 목덜미의 멜대 접촉점을
부단히 교체함으로써 고정된 압박으로 인한 근육 통증과 피로
를 해소할 수 있다. 짐을 지고 일어나거나 바닥에 내려놓고 휴
식할 때에도 무릎을 꿇고 앉았다가 일어나는 동작이 생략되어
관절 마모도 최소화된다.

　멜대의 특징은 한마디로 도구와 인체의 거리가 멀어 중력과
의 접점을 간접화시킨다는 점이다. 다만 단점이라면 흔들림
의 폭이 커 신체 균형을 유지하는 데 에너지가 과소비된다는
것이다. 그러나 지게는 인체공학적으로 멜대와는 정반대의
경우이다.

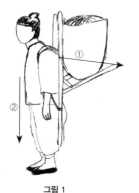

지게를 진
사람의 모습   그림 1   그림 2

　위의 그림에서 지게를 지고 있는 모습을 면밀히 관찰해보면 지게 몸체가 뒤로 처지면서 어깨에 작용하는 중력 ①, 다리를 압박하는 수직중력 ②, 뒤로 처지는 중량을 허리를 굴절시킴으로써 등에 분산시키려는 시도에서 생기는 중력 ③, 등에 부과되는 중압을 지탱하기 위해 손에 짚은 지팡이 때문에 팔이 감당해야 하는 추가 중압 ④ (그림 2) 등 모든 중력이 인체에 직접적으로 압박을 가하고 있는 형국이다. 지팡이를 제외하고는 고스란히 육체가 부담해야 한다. 지팡이도 중력 분산 작용보다는 허리가 굴절된 상태에서 앞으로 쏟아지려는 몸의 균형을 유지하기 위한 보조 도구라고 하는 편이 더 정확할 것이다.

　멜대의 경우 중력과 무게를 몸에서 분리시킴으로써 활동이 보다 자유로운 반면, '신체의 일부분'이 된, 아니 신체와 혼연일체가 된 지게의 경우는 활동공간이 축소되어 항상 고정된 자세를 유지해야만 한다. 이러한 허리를 구부린 상태에서의

　　　　　한국 전통문화의 허울을 벗기다–한·중 문화 심층 해부

고정된 자세는 신체의 정상적 발육이나 성장에 불리할 수밖에 없다. 물론 지게도 중력을 어느 정도 분산하는 기능이 있지만 멜대와는 달리 몸 안으로 흡수시켜 하중을 두 어깨와 등이 고스란히 분담해야 한다. 허리를 펴는 동작으로 중력을 신체 밖으로 떨쳐버릴 수는 있지만 그러면 금방 몸의 균형이 깨어지며 뒤로 넘어지게 된다. 이와는 반대로 멜대는 한쪽 어깨의 아주 좁은 중력 점에서만 몸과 멜대가 접촉할 뿐, 멜대의 길이나 걸음을 옮길 때의 율동과 리듬에 의해 중력의 대부분을 몸 밖으로 분산시킨다. 뿐만 아니라 지게보다 훨씬 동적이고 가볍다.

한국인은 왜 중국의 문화를 대거 수용하면서도 멜대만은 거부하고 지게의 사용을 고집했을까? 필자가 보건대 한국인은 온돌좌식생활에 익숙하여 상반신이 긴 데 비해 다리가 짧은 데 그 일차적 원인이 있다고 생각한다. 하체가 짧으면, 길이에 의해 중력을 분산시키는 멜대의 기능을 충분히 발휘할 수 없어 무용지물이 될 수밖에 없기 때문이다. 이유 하나를 더 첨부하자면 한반도는 물론이고 고구려 영역도 산간지대여서 멜대 사용이 지게보다 불편하다는 지형적 특성을 들 수 있을 것이다. 지게는 온돌과

지게 옹기 장수
(1903년 부산)
수백, 수천 년 동안 한국인의 육신을 억압하여 온 한 맺힌 지게는 한민족을 기형의 인간으로 망쳐 놓았다.

좌식생활의 고질적인 습속으로 인해 기형화된 한국인의 체형에 가장 잘 어울리는 농기구였으며, 그로 인해 한국인의 신체는 더더욱 기형적으로 변화되었음을 알 수 있다.

중국에는 한국의 지게와 동일한 운반기능을 하는 농기구로 멜대 외에 손수레가 있다. 이 손수레는 중국어로 독륜차獨輪車 또는 일륜차一輪車라고 한다. 삼국 시기 촉나라 승상 제갈량이 창안했다고 전해지고 있다. 삼국지에 나오는 '목우류마木牛流馬'는 이 손수레를 가리키며 송대宋代의 『사물기원事物起源』에도 손수레가 제갈량이 만든 것으로 기록되어있다. 화상석과 일부 문헌기록에 따르면 손수레는 서한西漢 말기에 발명된 것으로 확인된다. 삼국 이후 광범위하게 사용되었다. 송대의 저서인 『천공개물天工開物』에는 그림과 함께 남북방의 손수레 사용법이 상세히 기술되어 있다.

북방 손수레는 사람이 뒤에서 밀고 나귀가 앞에서 끈다. 남방 손수레는 단 한 사람의 힘으로 민다. 촉나라 땅인 사천성은 산세가 험준하고 깎아지른 벼랑이 많아 도로 사정이 열악하다 보니 바퀴 하나 달린 손수레가 운반 도구로는 적격이었을 것이다. 손수레는 짐을 실을 뿐만 아니라 결혼할 때나 친정 나들이 때에는 신부를 태우고, 먼 길을 다녀올 때에는 어린애를 태우기도 한다.

문제는 지게와 손수레의 사용에 의한 운동의 결과이다.

상술했듯이 지게는 몸으로 짐의 무게를 지탱하며 상반신의 자세를 고정한 채 다리만 움직이는 반면, 손수레는 팔, 다리,

한국 전통문화의 허울을 벗기다-한·중 문화 심층 해부

어깨, 가슴을 비롯하여 전신근육운동을 수반한다. 지게는 중력을 받는 복부와 허리, 다리 외에 상체는 거의 부동 자세이나, 손수레는 몸과 수레가 완전히 분리된 상태에서 전신운동을 한다. 특히 격렬한 가슴운동은 대뇌를 자극하여 지능을 향상시키는 데 이롭다. 그런데 지게 사용으로 발달된 복근과 허리는 뜨거운 온돌이라는 생활환경 속에서 남자들의 과도한 성생활을 유도하는 결과로 이어질 뿐이다.

사물과 육체의 분리. 그것은 본질적으로 육체를 사물과 중력의 직접적 압박에서 해방시키려는 지혜이다. 그러나 지게는 사물을(도구를) 몸과 일체화시킴으로써 사물 중력의 압박을 인체가 고스란히 떠안아야 하는 고통을 양산한다. 사물이 사람의 일부로 예속화되는 것이 아니라 사람이 사물의 부속품으로 전락하는 결과를 초래한다. 체형도 지게를 지기에 알맞은 체격—허리와 다리는 굵고 짧은 기형적 체형—을 취하게 된다.

지게는 그야말로 수천 년 동안 한국인을 억압해 온 문화적 사물의 폭력이다.

2. 곡물 가공 농기구와 문화적 조명

곡식을 갈고 빻는 농기구는 농경의 발달과 함께 발명되고 발전해 왔다.

중국 외다리방아
(농기도보)
주로 남자가 방아를 찧는다. 혼자 작업하기에 알맞다.

디딜방아[126]는 신농씨가 만들었다는 절구에서 발전한 것이다. 가로공이에 지렛대 역할을 하는 횡목 하나가 더 추가되고 발이 동력작용을 한다는 차이뿐이다.

중국에서 디딜방아는 진한시대에 보편적으로 사용했지만 목제품이라 쉽게 부식되어 현존하는 실물은 없고 모형과 그

---

126 농기구로 발로 디더 곡식을 찧는 방아. 옛 농구 중 알곡을 내는 도구로는 돌확·맷돌·매통·절구·디딜방아·연자매·물방아·물레방아 등이 있다. 방아의 주된 기능은 갈아 바수기·찧기·갈기·빻기·치기 등이다. 디딜방아는 주로 알곡과 가루를 내는 데 쓰였고, 그 원형은 석기시대의 연석(碾石)에서 찾아볼 수 있다. 연석은 돌확과 절구의 두 형태로 발전했는데 절구에서 디딜방아·물방아·물레방아 등이 생긴 것으로 보인다. 고구려 벽화에 나타나 있는 것으로 보아 고대사회에서도 많이 쓰였음을 알 수 있다. 디딜방아는 방아와 확으로 이루어진다. 땅을 움푹 파서 홈파진 절구 확을 묻어 놓은 것을 확이라 하며, 방아는 나무로 만들어져 두 다리 또는 외다리로 되어 있다. 디딜방아는 보통 2명이 딛는데 1명이 방아에 올라서서 힘을 주면 다른 1명은 계속 확에 알곡을 집어넣는다. 3명까지도 올라갈 수 있고 넘어지지 않도록 위에서 늘어뜨린 방아줄을 붙잡고 방아를 찧는다. 협동이 잘 되어야 효율성도 높고 힘이 적게 든다. 일할 때에는 방아타령을 불러 신명을 돋우기도 한다. 브리태니커백과사전.

림이 남아 있다. 자료에 의하면 디딜방아의 분포 지역은 하남, 하북, 산동, 산서, 호북, 호남, 섬서, 사천 등 중원지역인데 그 중에서도 하남성과 산동성에 많다. 동남지역과 북방지역에서는 아직 디딜방아 모형이 발견되지 않았다.[127]

맷돌이 출토된 지역 역시 하남, 하북, 산동, 산서, 강소, 안휘, 섬서, 호북, 감숙, 영하를 중심으로 귀주와 요령에서도 소량 발굴되고 있다. 이들 맷돌 발굴 지역은 조粟, 콩菽 그리고 밀 생산지로서 농경이 발달한 황하, 장강 유역이다.

진한 시기 중원의 주요 곡물 품종은 조와 밀이었다. 콩은 부식으로 전환되고, 밀 재배가 광범위하게 보급되었다.

석전마石轉磨의 발명과 초기의 발전은 밀의 재배, 보급과 관련이 있다.[128]

그러나 고구려 고분벽화에 보면 농경 관련 그림은 디딜방앗간 한 폭뿐이다. 이는 고구려 지역의 땅이 척박하여 농경에 적합하지 않아 농사는 적게 짓고, 수렵을 위주로 생계를 해결했음을 말해준다. 물론 방아도 발달하지 않았을 것이다. 있다면 한사군 시절에 북방으로 이주한 한인漢人들과 함께 전래된 곡물가공기술인지도 모른다. 그렇다면 한국에는 고유 전통의

---

127 『中国农具发展史』, 周昕 著, 山东科学技术出版社, 2005년 1월 1일, p.383.
128 동상서, p.374.

곡물가공 농기구가 없었다고 할 수밖에 없다. 이러한 상황인데도 일부 민속학자들은 바닷물 속에서 바늘이라도 찾아내듯이 한국 고유의 곡물가공 농기구를 찾아내기에 여념이 없다.

　　이 두다리방아는 오직 한국에만 있다. 디딜방아의 종주국인 중국에서도 외다리방아 두 개를 놓고 방아를 찧으면서 두다리방아는 생각조차 못했다. 두다리방아는 따라서 우리 민족의 독창적인 발명품인 것이다.[129]

　　중국 한나라 때 발견된 디딜방아가 조선시대에 들어와 두다리방아로 변한 것이 '독창적인 발견'이라고 대서특필하는 몸부림이 안쓰럽기까지 하다.[130] 연암 박지원은 자신의 저서 『과농소초課農小抄』에서 이미 디딜방아의 단점을 세밀하게 지적하고 있다.

　　외다리방아가 조선조에 들어와 두다리방아로 변신한 원인부터 알아야 할 것이다.

　　'두세 명이 함께 힘을 합치는 효과적'인 곡물가공 농기구로 기존의 외다리방아를 개량하기 위해 두다리방아가 고안된 것은 아니다. 중국의 화상전이나 문헌자료를 보면 디딜방아를 찧는 사람들은 죄다 남자들이라는 점을 강조할 필요가 있다.

---

129 『디딜방아 연구』, 김광언 지음, 지식산업사, 2001년 1월 10일.
130 참고로 고구려 고분벽화의 디딜방아도 외다리방아이다.

방아를 딛는 일은 중노동이기에 장정들이 아니고서는 힘에 겹기 때문이다. 60년대까지도 중국의 농촌에서는 남자들이 방아를 딛고, 여자들은 확 앞에 앉아 밖으로 튕겨 나오는 곡물을 쓸어 넣는 일을 했다. 방아를 찧을 때에는 동네 장정들을 불러들여 교대로 밟았다. 다른 사람이 방아를 딛는 사이 휴식하는 사람은 힘을 비축했다가 지친 사람과 바꾸는 것이다. 장정들에게도 방아 딛기는 힘에 부치는 노동이라는 사실을 알려준다.

반면 한국에서는 고대의 유일한 방아 그림인 고구려 고분의 방앗간 벽화에서도 방아를 딛는 사람이 여자이다. 이는 농경 위주인 중국에서는 방아를 찧는 일이 잦고 대규모인 데 반해, 고구려에서는 여자들의 힘으로도 감당해낼 수 있을 만큼 농경 범위가 광범하지 않았음을 설명해준다. 고구려인들이 식료의 공급을 농산물이 아닌 수렵물에 주로 의존했음을 입증해준다.

두다리방아
(안악3호분벽화)

조선시대에 들어와서 농업생산이 집약화되면서 농산물 수확이 급증하고, 이에 따라 곡물가공의 필요성도 높아졌던 것이다. 게다가 유교 이데올로기를 기반으로 가부장적 질서가 강요되고 남성 중심주의가 팽배하고 여성천시사상이 깊어지면서 여성은 출산, 양육, 가사노동, 직조, 생산노동의 참여는 물론이고 방아 찧기, 맷돌리기와 같은 중노동을 부담하게 되었던 것이다.

바쁜 농사철에는 집안일이나 길쌈일이 미루어질 정도로 농사일에서 여성의 역할은 매우 중요한 것이었다. … 농사를 짓는 일 외에 곡식을 찧는 일도 여성의 몫이었다. 요즘이야 쌀을 사서 바로 밥을 지을 수 있지만 옛날에는 밥을 할 때마다 벼를 찧어서 지었다. 식사 준비가 여성의 일이었으므로 방아 찧기도 자연히 여성의 몫이었다. 곡식을 찧는 데는 보통 물방아, 연자방아를 이용하기도 했지만 대부분의 시골 농가에서는 디딜방아를 써서 쌀, 보리, 수수, 기장 등을 찧었다.[131]

그러나 디딜방아는 여성의 힘으로는 딛기가 버거운 노동이다. 방아를 딛는 데도 힘과 함께 몸무게가 수반되어야 무거운 방아 공이를 들어 올릴 수 있다. 여성들의 힘에 알맞은 대안으로 고안된 것이 다름 아닌 두다리방아이다. 여성 두 사람이 협력하여 밟으면 몸무게도 늘어나고 힘도 배가 되기 때문이다. 이렇게 고안된 두다리방아의 곡물가공 효과는 어떠했을까?

---

131 『우리나라 여성들은 어떻게 살았을까1』, 이배용 외 지음, 청년사, 2008년 1월 11일, p.128.

외다리방아를 디딜 때 발에서 전달된 힘은 발판의 작용점을 통해 직선 방향으로 작용한다. 그러나 두다리방아는 혼자서 밟을 경우 굴절된 작용선으로 인하여 엄청난 항력과 불균형을 초래하고 에너지가 소모된다.

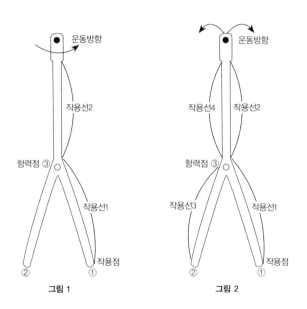

방아를 한 사람이 디딜 때 (그림 1)작용점 ①에 가한 힘의 충격은 충격목적인, 방아의 수직 상승이 아닌 좌측회전동작으로 전달된다. 횡목은 옆으로 비틀린다. ③에서 항력에 부딪치며 작용선의 변경을 해야 하므로 힘의 2차적 추가가 필요하다. 바로 이 부분이, 좌측회전으로 연결되는 작용선 ①부분이 불필요한 에너지의 소모 지점이다. 외다리일 경우 이 지점에

떨어지는 힘의 투자는 필요 없기 때문이다. 반대일 경우는 반대편에서 같은 현상이 반복된다.

방아를 두 사람이 밟을 경우에도 두 작용점의 힘이 항력점에서 만나 체력이 소모되므로 재차 힘을 추가해 운동 방향을 변경해야 한다. 이때의 항력은 측면회전운동과 수직상승운동, 서로 상반되는 좌우측반동이라는 두 가지의 항력을 극복하기 위한 에너지의 추가 지원이 필수적이다. 혼자서 밟을 때보다 두 배의 에너지가 더 소비될 수밖에 없다. 뿐만 아니라 측면회전운동에서 직선상승운동으로의 방향 전변 과정에 심하게 방아 몸체가 요동치는 데서 오는 충격을 감안해서는 안 될 것이다.

혼자서 방아를 밟을 때에는 말할 것도 없고, 두 사람일 경우에도 작용점에 가해지는 에너지가 일치하지 않거나 보조가 조금만 불균형을 이루어도 방아는 몸체를 떨 수밖에 없다. 방아 공이도 공중에서 좌우로 머리를 흔들게 된다. 결과적으로 에너지가 추가로 소모되고 방아확에서 곡식이 튕겨 나오거나 쌀알이 부서지는 등 가공 효과에 영향을 미칠 것이다. 실제로 방아를 딛는 사람의 몸무게와 성격, 신장, 체력, 연령 등의 상황이 다름에 따라 힘의 조절과 절주, 보조를 일치시키기가

한국 전통문화의 허울을 벗기다─한·중 문화 심층 해부

상당히 어려워진다.

이는 작용점, 작용선 그리고 힘의 방향의 일치성을 담보하던 직선구조를 굴절시킴으로써 초래된 폐단이라 할 수 있다. 방향이 바뀔 때 속도가 느려진다는 것은 에너지의 소모를 의미하며, 추가 에너지의 보충을 필요로 하기 때문이다. 항력장치의 추가 설치로 인한 불필요한 체력 소모를 유발하는 두다리방아는 외다리방아에 비해 비효율적이라는 사실이 자명해진다. 이는 기술의 혁신이 아니라 무거운 방아를 연약한 여자들의 힘으로 디딜 수 있도록 하기 위해 고안해 낸 방편에 불과

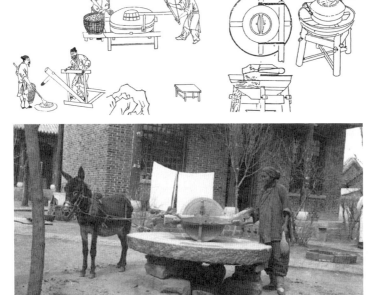

중국의 맷돌(石磨)(상)과 연자방아(하)
초기의 손으로 돌리는 인력 맷돌은 시간이 흐르며 점차 축력 맷돌로 전환되었다.

할 따름이다.

두다리방아는 조선시대 전 과정을 횡단한 지독한 남존여비의 광기가 만들어 낸 여성 억압 도구이기도 하다. 사실 외다리방아도 충분히 두세 사람이 서로 교대하여 곡물을 빻을 수 있으며 힘도 덜 들 뿐만 아니라 체력 소모도 적다.

민속학자들이 문화 담론에 도입하기 좋아하는 음양론을 놓고 보아도 여자가 남근을 상징하는 방아 공이를 움직여 여성 성기의 상징인 확에 삽입하는 행위로는 명분도 서지 않을 뿐만 아니라 납득이 되지도 않는 어불성설일 수밖에 없다.

망(맷돌) 역시 독창적인 발명품이 아닌 중국에서 전래된 곡물가공 도구이다.

맷돌은 중국어로 석전마石轉磨라고도 하고, 롱礱이라고도 부른다. 마磨와 롱礱은 그 형태나 조작방법 및 기본원리가 아주 유사하며, 차이가 있다면 재료가 다를 뿐이다. 롱礱은 목제(목롱木礱)이거나 토제(토롱土礱)인 반면, 마磨는 석제石製이다.

춘추전국 시기에 발명된 돌 맷돌은 재빨리 보급되었다. 진한 시기의 맷돌 유물과 수많은 모형들이 출토되고 있다. 유물 출토 지역은 주로 조, 콩, 밀 생산지인 중원 지구와 황하, 장강 유역이다. 남북 변두리 지역에서는 맷돌 유물이 전혀 발굴되지 않고 있다.[132]

---

132 『中国农具发展史』, 周昕 著, 山东科学技术出版社, 2005년 1월 1일, p.372.

한국에서 맷돌의 최초 기록은 고려 말기 학자 이색李穡의 문
집이다.

나물죽 오랫동안 맛을 못 느껴
두부가 새로운 맛을 돋우어 주네

『목은집』

두부를 만들려면 맷돌로 콩을
갈아야 한다.

맷돌은 주로 물에 불린 곡식
을 갈 때 이용되는 곡물가공 도
구이다. 콩은 맷돌 발명과 초기
발전에 결정적인 작용을 했다.
진한 시기의 맷돌은 거의 전부
가 콩을 갈아 두부를 만드는 가
공도구로 사용되었다.

맷돌질 하는 여인
다리를 꼬부리고 앉
아서 맷돌질을 하는
모습이 안쓰럽다. 맷
돌의 부속물이 된 한
국 여성의 삶은 고통
그 자체였을 것이다.

콩의 식용은 한 대에 널리 보급되었다.[133]

두부는 2천 년 전 중국의 회남왕淮南王 유안劉安이 수련하던
팔공산八公山에서 맷돌에 간 콩물로 연단煉丹을 제조하다가 우

---

133 동상서, p.374.

연히 두부를 발명한 것으로 기록에 전해지고 있다. 『한서漢書』「왕망전王莽傳」권卷99에도 왕망이 백성들에게 두부를 만들어 대용식품으로 하라는 기록이 보인다.

밀현密縣의 타호정한묘打虎亭漢墓 벽화 '주두부도做豆腐圖'는 맷돌이 물에 불린 곡식을 갈 때 사용하는 도구이며, 한대漢代에 이미 두부가 발명되었음을 대변하는 유력한 증거이다.[134]

이로 볼 때 한국에서 맷돌이 사용되기 시작한 시기는 고려 말이고, 서민층에까지 보급된 것은 조선시대에 들어와서부터라고 추측할 수 있다. 일본에서도 맷돌 보급 초기[135]에는 맷돌이 권력과 재력의 상징으로 한정된 계층에서만 사용되었다고 한다. 한국에서 맷돌이 본격 사용된 것은 '두부가 절간음식으로 발달한'[136] 고려 말기로 그 역사가 불과 500여 년밖에 안 된다.

연자방아[137]는 『시경』의 「국풍」에 이미 '연碾' 자가 나타나 있고, 『후한서後漢書』 「최량전崔亮傳」의 문헌기록을 미루어보더라도 중국에서는 한대漢代 말에 연자매가 사용되었을 것으

---

134 동상서, p.374.

135 일본에 맷돌이 보급되기 시작한 시기는 에도시대 초기 또는 후기이다.

136 『한국요리문화사』, 李盛雨 著, 教文社, 1985년 5월 10일, p.331.

137 연자방아(研子-)는 연자매라고도 하며, 말이나 소가 절구 위에 있는 돌을 끌어서 돌려 곡식을 빻도록 만든 방아이다. 위키백과사전.

한국 전통문화의 허울을 벗기다-한·중 문화 심층 해부

로 간주된다. 이미 위진남북조 시기의 연자방아 모형 유물이 출토되고 있다.[138] 차바퀴와 유사한 것과 원통형의 두 가지 연자매가 전해지고 있다.

그러나 한국에서는 고구려 고분벽화에도 맷돌이나 연자방아 그림이 없고, 고려 이전의 문헌기록에도 남아 있지 않다. 역축이 극히 부족했던 고려 시기에도 축력을 사용하는 연자방아가 극히 희소했을 것으로 짐작된다. 맷돌은 늦게 보급되어 곡물가공은 주로 절구나 디딜방아를 사용했을 것이다.

절구는 껍질 벗기기(전현, 박피), 쓿기(정백), 빻기(분쇄, 제분)의 기능을 가지며, 하루에 두 사람이 1가마 정도의 메조미 쌀(玄米)을 쌀(白米)로 쓿었다.[139]

가장 슬픈 일은 조상들 스스로가 발명, 창조한 고유의 전통 곡식가공 농기구가 없다는 충격적인 사실이다. 무능하다는 말밖에는 아무 할 말이 떠오르지 않는다.

138 『中国农具发展史』, 周昕 著, 山东科学技术出版社, 2005년 1월 1일, p.747.
139 『한국의 농기구』, 어문각, 박호석·안승모, 2001년 6월 30일, p.160.

3. 호미의 형태와 인간의 체형 발달

호미 역시 언제부터 한반도에서 사용되었는지 자료 부족으로 인해 고증이 어렵다.

중국에서는 문헌기록, 유물 출토 등 자료와 실물을 통해 진한 시기에 이미 동제, 철제 호미가 사용되었음이 증명되었다. 고분 유적과 문헌기록, 그림, 한화상석에 호미가 등장하고 있다.

본 장에서는 호미의 기원에 대해서보다는 한국 호미와 중국 호미의 형태 및 자루의 길이에 대한 비교를 통해 인체 발달과 결부시켜 심도 있게 논하려고 한다.

한국의 호미는 '논호미'와 '밭호미' 크게 두 종류로 나뉜다.[140] '논호미'는 '보습형 호미'라고도 하는데, 그 형태는 날 끝이 뾰족하고 위는 넓어 찍어 당기면 흙밥이 잘 뒤집어져서 논을 매는 데 적당하다. 충청, 전북 등 중부지역에서 주로 사용한다. '밭호미'에는 경남, 제주, 전남도서지역 및 자갈이 많은 산간지역에서 사용하는 낫형과 황해, 평안, 경기북부, 강원 북부지역에서 사용하는 세모형 호미가 있다. 세모형은 장삼각형으로서 양면에 비하여 바닥의 길이가 긴 호미로 우리나라 호미 중에서 날은 물론 자루도 제일 길다. 이러한 장점으로 보

---

140 동상서, p.115.

리, 옥수수, 밀과 같이 이랑이 넓은 밭의 풀을 매는 데 편리하다. 자루가 길어서 서서 작업할 수도 있다.[141]

자루가 길고 날이 무거운 것은 돌이 많고 흙이 거친 밭에서 쓰기 위함이다.[142]

한국의 전통 호미 자루는 대체로 짧아 밭고랑에 쪼크리고 앉아서 제초작업을 해야 하는 특징이 있다.

북쪽으로 올라갈수록 호미 자루가 긴 원인을 '돌이 많고 흙이 거친 밭에서 쓰기 위한' 것이라는 판단은 설득력이 부족하다고 생각한다. 중원지대는 한반도 북쪽지방에 비해 토지가 비옥하고 전토석田土石도 적지만 호미 자루는 길기 때문이다. 굳이 따지자면 첫 번째로 좌식생활에 익숙한 한국인의 생활습속부터 그 원인으로 꼽아야 할 것이다. 중국인의 긴 호미 자루는 입식생활방식의 연장선상에서 고찰해볼 수 있을 것이다. 둘째로는 경작지 면적의 대소大小와 관련이 있을 것으로 보인다. 대륙에 사는 중국인들은 광활한 땅을 농경지로 부치며 대농大農, 거농巨農을 하지만, 농경지가 적은 한반도에서는 규모가 협소한 전답을 다루며 소농小農, 세작細作을 한다. 대면적의 전답은 쪼크리고 앉아서 김을 맬 수도 없지만 서서 거칠게 제

141 『문경새재박물관』 인터넷 호미 사이트.

142 『한국의 농기구』, 어문각, 박호석·안승모, 2001년 6월 30일, p.116.

초작업을 해도 면적단위당 소출이 많이 난다. 그러나 작은 규모의 농지에서 많은 소출을 얻으려면 정경세작精耕細作을 하는 수밖에 없다. 한국 호미의 귀가 날카로운 것은 세작의 필요에서 발달한 것이며, 땅바닥에 쪼그려 앉아 작업함으로 인해 시선과 잡초의 거리가 가까워져 곡식 포기 사이마다 세세히 제초할 수 있게 고안된 것이다.

사실 보습이 발명되기 전 호미와 괭이는 기능상 별로 차이가 없었다고 한다. 그 시기에는 괭이뿐만 아니라 호미도 제초 도구로서 사용되었다기보다는 괭이처럼 땅을 파 뒤집어엎는, 개간 농기구로 사용되었다.[143] 황무지를 농지로 개간하려면 앉아서는 작업이 불가능하다. 반드시 서서 해야 괭이나 호미를 높이 쳐들었다가 힘차게 땅을 내리찍을 수 있다. 그러기 위해서는 자루가 길어야 노동 효율이 높아진다.

한국에도 옛날에는 자루가 긴 호미(長柄鋤)와 짧은 호미가 있었는데, 짧은 호미라 하더라도 『해동농서』의 호미 '서鋤'나 『기산풍속화』의 호미를 보면 지금의 호미보다는 훨씬 긴 것을 알 수 있다. 그러나 옛날의 긴 호미 자루는 서서 김을 매는 호미로서 뒤에 '가지잎괭이'나 '수수잎괭이'와 같이 '괭이'라는 이름으로 바뀌었다.[144]

---

143 『中国农具发展史』, 周昕 著, 山东科学技术出版社, 2005년 1월 1일, p.426.
144 동상서, p.116.

한국 전통문화의 허울을 벗기다—한·중 문화 심층 해부

중국에서는 농경 초기부터 호미와 괭이의 기능 구분이 모호했다. 왜냐하면 두 농기구 모두 다 개간용으로 쓰였기 때문이다. 한국의 경우에도 자루가 긴 호미는 '괭이'로 바뀌었다고 한다. 이는 옛날의 호미가 김을 매는 데만 사용된 것이 아니라 괭이처럼 땅을 일구는 개간 기능도 했음을 의미한다.

끝으로 호미 자루의 길이와 재배작물과의 관계를 첨부해야겠다.

중원지역에서는 밀이 주재배작물이다.

밀농사의 특징은 파종 방식에서 밀도가 촘촘한 밀식密植이라는 점에 있다.

『사민월령四民月令』에는 밀 파종 시의 씨앗과 씨앗의 간격에 대해 상세한 기록을 남기고 있다. 밀의 이러한 밀식파종 특성으로 인해 하남성에서는 일반적으로 김을 안 매고 갠 날을 택해 손으로 풀을 뽑는다. 호미를 사용하면 곡식의 뿌리를 상하게 할 수 있기 때문이다. 설사 김을 맨다 하더라도 포기 사이사이를 일일이 호미 귀로 찍어 제초하는 데는 어려움이 따르기 마련이다. 밀이나 보리밭 김은 곡식 포기 주변의 잡초만 제거하고 흙을 뒤집어 놓기만 하면 되는 것이다. 이런 제초작업은 서서도 얼마든지 해낼 수 있다. 대면적의 경작지의 김매기를 제철에 끝내려면 쭈그리고 앉아서는 완수하기가 불가능하다. 서서 김을 매야 작업 속도도 빨라질 것이다.

쪼크리고 앉아서 김을 매는 동작은 건강에도 해롭다. 목, 허리, 무릎 관절이 접히고 굴절되어 허리 통증, 관절염을 유발하는 원인이 될 터이기 때문이다. 그런 이유로 시골 아낙들은 밭 김을 매다가 일어설 때에는 오금이 저리고 허리 통증이 발작해 등과 허리를 두드리고 무릎을 주무른다. 관절염과 허리 디스크는 쭈그리고 앉아 김을 매는 한국인들의 만성질환이 되고 말았다.

서서 김을 매면 허리, 무릎, 발목 등 모든 관절이 쭉 펴진다. 꼬부린 무릎에 가슴이 짓눌리지도 않고, 손발도 훨씬 자유자재로 움직일 수 있어 작업 효율을 제고할 수 있다. 옷이 더럽혀지거나 닳아서 마모되는 폐단도 줄일 수 있다. 곡식 속에 묻혀 숨이 막히는 답답한 좌식 김매기와는 달리 바람이 잘 소통되어 호흡도 원활해진다. 다리를 굽히고 허리를 꼬부리고 앉아서 매는 호미질의 억압 때문에 한국인은 육체적, 정신적으로 필요 이상의 고통을 감수해야만 했다.

동한 제초화상석(좌)와 한국인의 김매기(우) (출처: 캐나다 왕립 온타리오 박물관 소장) 중국인들은 예로부터 자루가 긴 호미로 서서 김을 맸으나 한국인들은 자루가 짧은 호미를 들고 다리를 꼬부리고 앉아서 김을 맸다.

한국 전통문화의 허울을 벗기다–한·중 문화 심층 해부

교통과 수레
그리고
문화 발전에 대한 담론

혹자는 도로 교통과 수레를 전통문화 논의대상에 포함시켜 공론에 부치는 필자의 취지에 의아한 시선을 던질지도 모르겠다. 하지만 지금도 그러하지만 고대사회에는 도로와 수레의 개발은 국가 통치와 운영에 지반 역할을 할 뿐만 아니라 정치, 경제, 문화의 전 방위적인 발전과 불가분의 관계에 있고, 국가의 흥망을 결정한다고 해도 과언은 아닐 것이다.

한반도 역사의 경우 교통의 미발달이 전통온돌문화의 산물이기 때문에 논의 목록에 오르게 된 것임을 미리 설명하는 바이다. 역사상 특히 고대사회에서 강대 국가의 출현은 교통의 발달이 필수였다. 교통의 발달은 국가의 경제 발전은 물론이고 강력한 중앙집권체제를 구축하는데 일조했으며, 전통농경사회에서 탈피하여 전대미문의 경제적 부를 축적할 수 있도록 유통 경제를 활성화하고 상업의 발전을 도모했을 뿐 아니라 국방력을 증강하여 주변국들을 제압하고 패왕의 지위에 오를 수 있게 하였다.

그러나 한민족의 역사를 돌이켜보면 멀리 고조선시대는 물론이고 고려와 조선시대를 거쳐 구한말까지도 국가가 도로와 교통에 투자하지 않아 강대 국가 건설의 염원을 성취하지 못했을 뿐만 아니라, 역으로 항상 주변 강대국들로부터 침략의 고통과 치욕 그리고 강요되는 굴욕을 감수해야만 했다.

본 장에서는 한국사를 비극의 수렁에 몰아넣은 교통의 미발달이 온돌문화라는 한민족의 특이한 전통습속에서 기인한 것임을 밝히려고 한다.

한국 전통문화의 허울을 벗기다─한·중 문화 심층 해부

1. 고대 도로 교통과 문명의 발달

도로는 수레 때문에 생겨났다.

서주西周 시기에는 세 대의 수레가 통행할 수 있는 길을 '로路'라 하고, 두 대의 수레가 운행할 수 있는 길을 '도道'라고 했으며, 한 대의 수레가 왕래할 수 있는 길을 '도途'라고 했다.

고대에는 주로 도로를 이용하여 경제 교역과 문화 전파가 이루어졌다. 그런 이유로 도로의 발달은 국가의 흥망과 직결되어 홀시할 수 없는 국가 대사였다.

> 동주東周의 단자單子가 진나라를 지날 때 도로 수축이 안 되고 강에는 교량이 없고 객관은 관리하는 사람이 없음을 목격하고, 이 나라는 반드시 망할 것이라고 예언했는데 뒤에 그대로 되었다.[145]

연암 박지원도 "나라가 가난한 것은 수레가 다니지 못하는 까닭이다"라고 도로 사정이 엉망이었던 조선시대의 상황을 개탄했다. 수레가 다니지 못한다 함은 도로 수축의 미비함을 의미한다.

중국에는 고대로부터 해상·수상교통은 물론 육로교통도

---

145 『國語』.

고도로 발달했다. 중국 최초의 국도인 진대秦代의 치도馳道는 총 길이가 무려 8,900㎞에 달하였고, 당나라 때에는 세 대의 수레가 동시에 다닐 수 있는 길(로路)이 무려 5만 리나 건설되었다고 한다.

그런데 도로의 발전에 기여한 수레는 전쟁과 깊은 연관을 가지고 있다. 400년 동안 중원을 통치한 하왕조는 수레를 광범위하게 사용했는데 그 주요 용도가 전쟁이었다. 수레로 수많은 전차를 만들어 군수품 운반과 전술 공격은 물론 휴전 시에는 군영방어시설로도 대용했다.

춘추전국시대의 제후국들은 전차의 원활한 이동을 위해 앞다투어 양질의 도로를 수축했다.

한 국가에 수레(전차)가 몇 대인가에 따라 천자와 제후국이 갈리고 국력이 결정된다. 전쟁의 승부는 마차의 수량에 의해 결판났다. 상왕商王은 군대 3만 명에 300대의 수레를 소유했고, 주천자周天子는 융마戎馬 4만 필에 수레를 무려 만 대나 소유하고 있었다. 그의 제후국들도 천 대의 수레를 보유했다.

하남성 안양安陽시 은허차마갱도殷墟車馬坑道에서 출토된 상주商周 시기의 전차는 바퀴 직경이 약 130~140㎝였고[146], 넓이는 130~160㎝였다. 산동성 교현서암膠縣西庵에서 출토된 서주西周 전차 수레(거상車廂)의 폭은 164㎝에 달했다.

---

146 춘추시대에는 124㎝로 축소되었다.

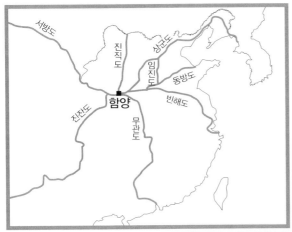

진한 시기의
치도(馳道)(상)와
육로(하)

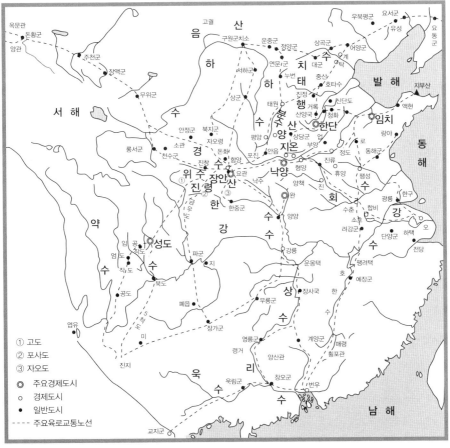

도로의 규격은 수레의 규격에 의해 결정될 수밖에 없다. 치도馳道의 넓이는 50보(대략 70m)이며 가능한 한 직선을 유지했다. 총 길이가 70㎞나 되는 진도眞道의 넓이도 60m나 되었다. 이 정도의 폭이면 수레 몇 대가 동시에 통행할 수 있을지 어렵지 않게 상상이 된다.

물론 전차는 전국 시기 조무령왕趙武灵王에 의해 자취를 감췄지만 도로의 발달에는 마멸할 수 없는 공헌을 하였다. 조무령왕은 기동성이 떨어지는 전차를 버리고, 호복을 입고 말을 타고 전쟁판에 나섰다. 그리하여 한대漢代 이후 수레는 물자운수 도구로 그 쓰임새가 축소되고 말았다.

같은 시기에 한반도나 고조선의 교통에 대한 그 어떤 문헌 기록이나 유적 또는 유물도 발견되지 않아 상황을 파악할 수가 없다. 다만 『한서』에 치도馳道가 연나라까지 통했다는 기록이 보일 뿐이다. 치도의 주요 간선도로는 아홉 개 갈래인데, 그중 두 갈래가 연나라의 무종無終을 통과했다고 한다.

무종无終(현재의 계현薊縣)은 진나라 이전에 무종국无終國 도읍지였다. 진나라 때에는 우북평군右北平郡의 치소治所였다. 이곳은 흉노를 방비하기 위한 중진이었다. 아홉 갈래의 주요 치도 중 두 갈래가 무종을 통과했다.[147]

---

147 『地理知识』, 第四期, 「秦始皇修弛道与王朝的陆路交通」, 1974年, 中国社会科学出版社.

중국 학자들은 이 길이 함양에서 하북성 창려현昌黎縣 갈석碣石을 지나 고대 조선으로 통한 교통 노선이라고 주장하고 있다. 진실 여부는 고증이 어렵지만 단 한 가지 명백한 것은 연나라와 고조선 사이에 국가적 재원을 투자하여 잘 정비된 국도는 아닐지라도 사람이 다니는 통로가 있었음은 알 수가 있다.

전국 말기, 진통일 시기는 전란이 빈번해 연燕, 제齊, 조趙나라의 백성들은 도보로 요동을 통과하거나 배로 황해를 건너 조선반도로 이주했다. 이민의 물결은 진통일 후에도 끊이지 않았다. 기자箕子의 40여 대 후손인 조선왕 기준基準이 이들을 반도 서쪽에 안치했다고 전해지고 있다.

한나라 초기 두 차례의 연왕燕王의 반란과 그 반란을 평정하는 과정에 두 번째 이민 물결이 일어났고, 그 뒤를 이어 위만衛滿이 무리 1,000명을 이끌고 조선으로 피신 와 기자조선을 멸하고 위만조선을 창건했다. 삼국지 위지동이전에 의하면 조선으로 이민 간 백성 수가 수만 호에 달한다고 한다. 남부여대한 대규모의 한인북천漢人北遷은 애들이나 노약자들이 걸을 만한 통로가 없이는 나설 엄두도 내지 못했을 것이다. 보통이와 멜대를 지고 가는 사람들도 있었을 테지만 우마, 가축과 수레도 있었을 것이다. 하루 이틀도 아니고 몇 달을 내처 걸어야 하는 고단한 원정길이다.

이 통로는 후에 한사군이 설치되면서 사신 왕래와 군사 이동, 관리 발령, 공납 등 국가적인 용도로 쓰이기 위해 수레가 통과할 만한 도로로 건설됐을 것이 틀림없다. 나중에 고구려의 고분벽화에 수레와 수레바퀴 그림이 등장하는 원인을 제공하기도 했다.

기병이 발전함과 더불어 한나라 후기부터 군사용 전차가 역사 무대에서 사라지면서 수레는 민간 운수와 승용 도구로 용도가 변경되었고, 도로 신축 열풍도 잠시 주춤했다. 대신 위진남북조 시기에 와서는 수상교통이 비약적으로 발전하며 그 유명한 수나라의 대운하에 이른다. 전란의 와중에 중원 사람들이 장강 이남으로 대거 남천하면서 황하와 회하, 한강漢江이 뚫리고 수로가 개척됨으로써 경제는 물론이고, 인구 증가로 인한 도시화에 힘입어 상업의 발전을 촉진시키는 역할을 놀았다.

당나라 때에 와서는 다시 육로를 대대적으로 수축하여 5만 리에 달하는 도로를 닦았다. 그러나 요나라와 금나라의 신생 세력에 밀린 송나라는 다시 물의 고장이라 불리는 남방으로 천도하고 수상교통망 확보에 매진했다.

이쯤 되면 같은 시기의 고구려, 신라, 백제의 교통 상황은 어떠했을까 궁금해지지 않을 수 없다. 하지만 안타깝게도 삼국의 교통에 대해서는 수레의 실물이 발견되지 않아 사실상 고증이 어려운 현실이다. 고구려 고분벽화의 수레 그림과 토기 편, 기와조각 등 극히 제한된 자료들뿐이다. 고구려는 역참, 우역제도에 대한 기록조차도 찾아볼 수 없다.

고구려의 도로로는 장안성의 3묘, 9묘 도로를 들 수 있는데,

한국 전통문화의 허울을 벗기다-한·중 문화 심층 해부

3묘 도로는 가로 4.3m, 9묘 도로는 13.8~14m라고 한다. 고구려를 멸망시킨 당나라군이 669년에 수레 1천 80대와 소 300두, 말 2천 900필을 가져갔다는[148]『구당서』의 기록이 '고구려에서 수레를 사용했다'는 국내 학계의 주장에 명분을 얹어주고 있다.

신라에는 국가가 건설한 '관도'가 있다고는 하나 그 규모나 구조, 도로의 구체적인 기록이나 유적이 충분히 발견되지 않아 상세히 알 수 없다. … 다만 대구지역에서 발굴된 도로는 지금까지 발견된 신라 관도 가운데 가장 길고 큰 도로로서 길이 38m, 폭이 2m나 된다.[149]

'2m나'가 아니고 '2m 밖에 안 된다'고 말해야 정확한 표현일 것이다. 고구려의 3묘 도로처럼 노면이 너무 좁아 수레가 왕래할 수 없기 때문이다. 고구려의 9묘 도로는 수레가 통행할 수 있을 정도로 충분히 넓고 배수구까지 부속, 설치되었다. 하지만 아쉽게도 9묘 도로 역시 3묘 도로나 신라의 관도와 마찬가지로 모두 성내의 도로일 뿐 성 밖이나 성과 성을 연결하는 외곽도로가 아니라는 점에 집중할 필요가 있다. 수레를 도시 안에서만 제한적으로 사용하였다는 결론이 도출될 수 있기 때

---

148 흉노에게서는 수십 만 마리의 말을 약탈해갔다.
149 『자동차생활』「신라의 교통-길과 수레를 바탕으로 삼국을 통일하다」, 2002년 11월호.

문이다. 실제로 고구려 고분벽화에 나오는 수량 40대의 수레도, 행렬도를 면밀히 관찰해 보면, 성안이나 도성 부근에서 행차하는 관리들이 타는 승용 수레임을 알 수 있다. 수레에 씌운 차일이나, 종대라기보다는 과도하게 넓게 횡대를 이룬 행렬을 보건대 도로라기보다는 성안의 거리나 교외의 평탄한 공지를 과행過行하고 있는 듯한 인상을 준다. 가마를 수레에 안치한 모습이다. 이로 볼 때 당나라군이 끌고 간 수레 1천 80대는 고구려의 여러 성들에서 사용하던 가마 수레였을 가능성이 많다.

고구려는 고구려인, 말갈인, 돌궐인, 한인漢人 등 여러 민족들로 혼성된 다민족국가이다. 고조선 땅에 이주해온 한인들은 당연히 수레를 애용하던 자신들의 전통을 지속했을 것이 틀림없다. 당나라군이 연행해 간 고구려인은 모두 왕족, 귀족, 벼슬아치들이었으며 이들은 수레를 타지 않으면 한걸음도 움직일 수 없는 존귀한 신분을 가진 사람들이었다. 이들 중에는 노인들과 어린아이, 부녀자들도 있었는데, 이외에 대량의 소지품들도 운반하자면 많은 수레가 필요했을 것이다.

고구려는 도로의 수축과 수레의 발달로 강국이 된 것이 아니라 기동성이 높은 기병에 의해 요동에서 명성을 떨쳤다. 토양이 척박하여 농경도 발달하지 않았고, 도로 건설이 미흡하여 상업도 번창하지 않았다. 고구려는 영토 확장보다는 도로를 확충하여 경제, 상업, 무역을 발전시키고 문화·정신적 정체성을 확립하며 실속 있는 국력을 다졌어야 했지만, 가는 곳마다 견고한 성만 쌓고 인접 국가와 민족의 재물 약탈에만 눈

안악3호분 대 행렬도 (상)와 덕흥리벽화 동 서벽 거가행진도(하)
수레에 씌운 차일이나, 종대라기보다는 과도하게 넓게 횡대를 이룬 행렬은 도로라기보다는 성안의 거리나 교외의 평탄한 공지를 과행(過行)하고 있는 듯한 인상을 준다.

독 들이다가 망국의 비운을 맞이하게 되지 않았나 생각된다. 고구려의 비극은 성이 아무리 견고해도 발달한 도로가 지반이 되어 정치, 경제, 문화의 소통에 의해 국가와 백성의 정체성이 확립되지 않으면 반드시 패망한다는 진리를 입증한 셈이다.

고려와 조선시대에 들어와서는 그나마 잔재하던 도로와 수레가 아예 반도 땅에서 자취를 감췄다는 사실은 주지하는 바이다.

우거牛車의 시설은 제작이 간략하여 아주 법도가 없다.
더구나 그 나라는 거개가 산길이어서 통행하면 울퉁불퉁 흔들리니 (수레는) 다만 예를 갖춘 도구일 뿐이다.[150]

수레를 사용하던 고구려가 망하자 그 유민이던 한승이 신라에 귀화해 보덕국을 세우기까지 했지만 오늘날엔 그 흔적조차 찾을 길이 없다.

고구려인은 원래 유목민족이다. 같은 유목민족인 만족, 몽골족은 모두 예로부터 마술전통이 전해 내려오고 있다. 기마민족의 후예라는 한국에는 마술전통이 전해지지 않고 있는 것을 미루어보아 고구려인의 대부분은 중원, 요동, 요서 땅에 잔류해 당지의 민족들과 동화되었음을 암시한다. 실제로 지금도 요령성 태안현 대고대방진에는 장수왕의 후손들이 살고 있

150 『고려도경』.

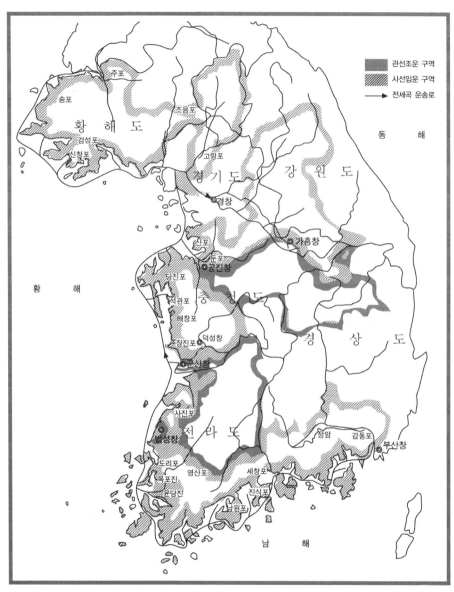

관선조운 구역

사선임운 구역

전세곡 운송로

황 해 도

주포

송포

검성포

신창포

조읍포

고랑포

경기도

강 원 도

동 해

경창

황 해

산포

둔포

가흥창

공진창

당진포

석관포

충 청 도

해창포

덕성창

장진포

경 상 도

군산창

사진포

법성창

전 라 도

정암

감동포

부산창

도리포

영산포

세창포

목포진

윤당진

진식포

남원포

남 해

고려의 조운로

제5장 교통과 수레 그리고 문화 발전에 대한 담론

229

다고 한다.[151] 연행되어 간 왕족들뿐만 아니라 고구려의 평민들도 한반도로 이주하지 않고 그냥 중국 동북지역에 남아 그곳에서 다른 민족들과 혼혈을 이루며 살았을 것이다.

고려는 수레를 사용하지 않았다. 고려가 고구려를 계승한 국가라면 당연히 고구려의 수레문화전통도 계승했어야 할 것이지만 그와는 정반대이다. 이와 같은 사실은 고려가 고구려를 계승한 나라가 아니든지, 고구려에도 수레문화가 발달하지 않았든지 둘 중의 하나일 수밖에 없다.

수레를 사용하지 않으면 도로도 필요 없게 된다. 그런데도 학자들은 고려시대에 도로와 수레가 없어진 이유를 엉뚱한 곳에서 찾고 있다. 여진족, 몽골족, 왜병의 외침 방지를 위해 도로 정비를 방치했다는 설, 말과 소를 원나라가 수탈해갔다는 설 등 각종 억측과 어불성설들이 난립하고 있다. 아마도 외침 방지를 위해 도로 정비를 방치했다는 식의 역사 해석은 전 세계에서 한국밖에 없을 것이다. 이 괴설怪說이 사실이라면 이는 지혜가 아니라 무지이다. 교통이 발달해야 국력도 강해져 외침도 효과적으로 막을 수 있기 때문이다. 그야말로 조상을 무능한 바보, 천치로 모독하는 불경이 아닐 수 없다.

원나라의 우마 수탈을 원인으로 제시하는 학설에도 타당성이 빈약하기는 마찬가지이다. 원나라가 1271년 고려 조정에 농우 6,000두를 요구했지만, 그래도 명색이 국가인데 그 수를

151 『월간중앙』 WIN 1998년 12월호. 송의호 기자.

채울 만한 소가 나라 안에 없었다고 하니 한심하기 그지없을
따름이다. 도리어 원나라는 고려의 이러한 궁핍한 사정을 알
고 목축에 능란한 몽골인과 호마胡馬 160여 필과 우량 품종의
소를 이끌고 제주도에 와서 목장을 개설하고 고려 백성들에게
농우 증식을 적극 권장[152]함으로써 우마의 수가 불어났다. 오
늘날의 제주도 말농장과 한국을 대표하는 아이템 중의 하나로
브랜드화 된 한우는 당시 몽골족의 도움이 없었다면 꿈도 꾸
지 못했을 일이다.

고려시대에는 육로 대신 수로를 이용해 세곡을 운송했다.
이른바 조운로漕運路라고 명명한다. 해로와 남한강, 북한강,
예성강의 수로를 통해 세곡을 도읍지인 개성으로 운반했다.
도로는 험하고 좁아 수레를 사용하지 못하고, 노새나 나귀 등
에 짐을 싣고 다녔다.

조선시대에 들어와서는 도로 사정이 더욱 열악해졌다.

바둑판 같던 도성의 도로는 뒷골목에 이를수록 좁아지고 꼬불
거려 수레가 다닐 수 없을 지경이 되었고, 심지어 길을 막아버리
기까지 하였다.[153]

차 공납도 수레가 다닐 길이 없어 모든 남정들이 등짐(지게)

---

152 『한국문화사대계』IV 「풍속·예술사」, 高大 民族文化硏究所, 1970년 2월 28일, p.35.
153 『한국의 살림집』, 申榮勳, 悅話堂, 1983년 8월 5일, p.137.

으로 져서 개성까지 날랐다고 한다.

　고려시대에 교통이 발달하지 못하고 도로가 황폐해진 것은 이 시기부터 일반화된 좌식생활과 관련이 있을 것으로 필자는 간주한다. 좌식생활의 인습은 입식과 이동에 대한 거부 심리가 무의식의 깊은 곳에 자리 잡게 하였다. 편안함만을 추구하려는 게으른 습관이 몸에 배는 것이다. 게다가 지게까지 발달해 수레에 대한 거부감마저 추가되는 것이다. 가부좌를 틀고 종일 온돌에 앉아서 참선을 하는 스님들의 수행도 도로를 황폐하게 하고, 수레의 사용에 제동을 거는 요소로 작용했다고 봐야 할 것이다. 왜냐하면 전대미문의 융성기를 누렸던 고려시대의 불교는 민간인들과 속세의 생활방식에도 거대한 영향을 미쳤을 것이기 때문이다.

　도로를 증축하거나 사통팔달한 교통망은 조성하지 않고서 편안하게 구들에 앉아서만 지낸 결과는 홍수 같이 밀려드는 외적의 침입을 당해내지 못해 부마국이라는 치욕까지 감수해야 했다. 조선시대에는 일제의 식민지가 되어 씻을 수 없는 굴욕의 역사를 사책에 남겨야만 했다.

2. 교통과 상업

교통의 발달과 경제 발전은 떼려야 뗄 수 없는 긴밀한 유대 관계에 놓여 있다. 그중에서도 상업은 육로나 수로, 해로의 개척을 전제로 한다.

중국에서 상업은 송대宋代까지 줄곧 기시당하고 억압 대상이었지만 그 맥이 끊긴 적은 한 번도 없었다. 그 원인은 전국을 관통하는 사통팔달한 도로의 혜택 덕분이었다. 진나라 시기에는 대규모의 도로 증축 공사를 발판으로 상업도시가 부단히 늘어났고, 한나라 때에는 상인들의 돛배와 수레가 전국 각지를 누볐다. 위진남북조 시기에는 수상교통의 발달로 도시마다 장시가 설치되고, 황하, 회하, 한강은 온통 상선들로 뒤덮였다. 황하에는 상인들이 이용하는 남북 통로인 나루터가 50여 개나 건설되었다. 당나라 시기에 진입해서는 도시가 무려 1,000개나 되었으며, 이 도시들은 5만 리에 달하는 도로와 수나라 때부터 발달한 운하가 교차하는 교통 중심지이자 상품 교역 중심지이기도 했다.

송나라는 운하와 수로를 중심으로 상업의 전성기를 맞이했다. 송나라에는 말이 적어 소 수레를 많이 사용했다. 개봉부의 '태평차太平車'는 5~7마리의 소가 견인하는 대형 화물 운반 수레이다. '평두차平頭車'는 한 마리의 소가 끄는 수레이다. 관청과 대상인은 수상 운수나 육로로 태평차를 사용했으며, 사상

私商들은 나귀가 끄는 수레나 멜대를 사용했다.

요遼와 금金의 압박에 밀려 남천南遷한 송나라는 지형이 험준하기로 유명한 복건성에 교량 646개를 건설하고, 상비 도로인 선하령로仙霞嶺路를 개통했다. 이 밖에도 출민북삼관出閩北杉關 분수관分水關에서 강서江西 경내로 통하는 두 갈래의 통로도 개척하여 상업의 발전을 촉진하는 포석을 깔았다.

같은 시기 고대 한국의 상업은 빈약한 도로 건설로 인해 부진을 거듭할 뿐이다. 고구려, 신라, 고려시대에 상업 행위가 있었다고 한다면 그것은 국내에서의 활발한 상업 활동이 아닌 이른바 '조공무역'이 그 주를 이룬다. 조공무역도 주변 강대국들의 강요에 의한 강제 교역의 형식을 띠고 있었다.

고구려의 첫 상인이라는 을불(미천왕)은 압록강 변에서 배를 타고 소금 장사를 다녔다고 한다. 이는 당시 고구려에 수레가 다닐 만한 도로가 없어 물길을 따라 배를 타고 물건을 팔러 다녔음을 의미한다. 도로도 없었을 뿐만 아니라 장시도 없었다. 고구려는 물론이고 '신라와 고려시대 때에는 아직 지방 장시가 발생하지 않았기' 때문에, 마을마다 집집마다 일일이 방문하며 떠돌이 행상 정도의 소규모 상업 활동을 했을 따름이다. 삼국시대와 고려시대는 둘째 치고 불과 수백 년 전의 조선시대에 와서도 도로가 건설, 정비되지 않아 동서 간, 해변과 내륙 간에 물류유통과 상업 거래가 진행되지 않은 현실을 연암 박지원은 자신의 글에서 개탄하고 있다.

신라의 조공무역도 육로가 개척되지 않아 해상 왕래를 통해

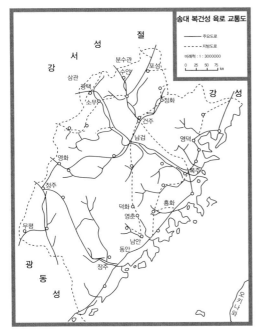

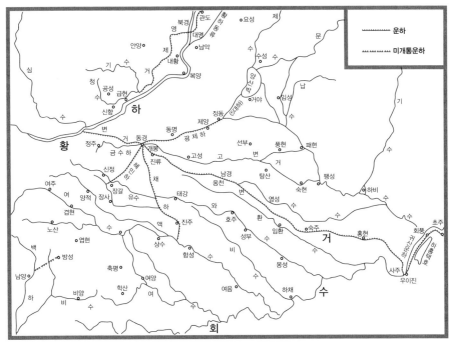

송대 육로(상)와
운하(하)

서만 제한적으로 이루어졌다. 국내 상업 행위는 전혀 이루어지지 않았거나 상류귀족계층 내부에서만 국한되었을 것으로 간주된다.

고대 한반도의 도로 교통이 어느 정도 황폐하고 미비하였는지는 방언을 통해서도 입증할 수 있다. 한국은 국토 면적이 작은 나라치고는 방언이 유달리 발달했다. 온돌문화와 좌식생활방식은 한국인의 심리에 걷는 행위와 이동에 대한 거부감을 각인시켰다. 사람이 다니지 않는 길은 황폐화되고 도로의 황폐화는 인적 왕래를 더욱 뜸하게 했다. 그리하여 도마다, 심지어는 군마다 방언이 다르고 산 하나를 넘어도 상호 의사불통 현상이 나타나게 되었다.

중국 중원지역의 북방 방언은 비교적 대동소이하다. 끊임없는 자연재해와 전란으로 인구 이동률이 높아 언어문화교류가 활발하고 그 과정에 방언들이 통일되었기 때문이다.

기원전 221년 진통일로부터 1840년 아편전쟁 때까지 1061년 동안 721차례의 중요한 전쟁이 발발했는데 그 가운데 북방에서만 548차로 70%를 차지한다고 한다.[154]

---

154 『중국의 문화지리를 읽는다』, 후자오량 지음, 김태성 옮김, 휴머니스트, 1995년 5월 30일, p.119.

한국 전통문화의 허울을 벗기다–한·중 문화 심층 해부

반면 중국의 남방은 방언 분포가 비교적 복잡하다. 산악지대여서 교통이 불편하여 사람들 간의 왕래가 적고 전란이 적어 인구 이동이 많지 않았던 원인 때문이다. 그중 복건성은 면적도 넓지 않고 인구도 그리 많지 않지만 언어의 복잡성은 전국의 최고 수준이다. 산과 강의 다양한 지형으로 인해 천연 경계가 나타난 현상이라 할 수 있다. 중국 7대 방언 중 복건성에만 5개이다.[155] 강을 하나 건너고 산을 하나 넘어도 다른 방언이다.[156]

한국의 지형은 복건성에 비하면 훨씬 통행에 편리하다고 해야 할 것이다. 그럼에도 방언이 복잡한 까닭은 교통이 발달하지 않은 이유라고밖에 할 수 없다. 수계水系와 교통이 방언의 분포에 미치는 막대한 영향[157]을 일목요연하게 설명해주는 현상이 아닐 수 없다.

고구려는 땅이 척박하여 식량 자급자족이 어려웠고 수렵만으로 생계를 유지하기도 쉬운 일은 아니었다. 고구려의 경제는 농업도 상업도 아닌 이웃 국가를 노략하여 얻은 재물로 재정을 충당하는 '약탈경제'였다. 적어도 중기까지는 약탈한 재물이 국가 수입원의 대부분을 차지했다. 고구려는 기병을 기용하여 후한을 기습했다. 그 목적은 영토 확보를 위한 침략전쟁이 아니라 약탈이었다.

---

155 동상서, p.161.
156 동상서, p.164.
157 동상서, p.167.

약탈은 고구려사회에서 평상시 유휴 좌식 자들을 먹여 살리는 중요한 경제활동이었으며 고구려 경제에서 차지하는 비중 또한 컸다고 할 수 있다.[158]

원래 유목민의 경제생활 수단은 방목과 수렵을 위한 이동이며, 이웃 국가에 대한 약탈이 주요 생계유지 방식이다. 흉노족이 그러했고 선비족과 돌궐인도 그러했다. 흉노는 국가 창건이란 것을 한 번도 제대로 한 적이 없이 멸망하는 날까지 300년 간 중원에 대한 급습과 약탈을 일삼았다. 중원은 흉노의 노략질에 견디다 못해 세계사에 유례없는 만리장성까지 축조하기에 이르렀던 것이다.

다만 고구려인은 그 조상이 부여에서 내려와 한사군을 거치며 한인漢人과 공동생활을 하게 되면서 중원의 선진 농경문화를 받아들여 흉노족과는 어느 정도 차별화가 되었지만, 몸속에 흐르는 유목민의 피는 극복할 수가 없었던 것 같다.

신라의 상업 역시 국내 상업 활동의 지반인 장시가 활성화되지 않아 주로 해로를 통한 대외교역 활동을 전개했다. 신라도 예외 없이 조공무역이 국가 상업 구조의 근간을 이루고 있었다. 서기 490년에 장시를 개설하고, 508년에 동서전을 두어 동쪽 시장을 국가가 관리했다는 기록이 있지만 그것은 도성 내에 한하고, 지방에는 장시가 개설되지 않은 것으로 추측된

---

158 『우리역사문화연구모임』, 김용만, 「고구려의 공간에 대하여」.

다. 지방 장시는 전국 각지를 연결하는 교통의 원활한 소통을 전제할 때에만 운영이 가능하기 때문이다.

조공무역은 자의적이거나 국가 경제의 필요에 의한 상업 거래가 아니라 타의적인 것이었고, 물물교류의 내역도 일반 서민을 대상으로 한 품목보다는 왕족, 귀족들을 위한 기호용품이 대부분이었다. 이러한 현상은 고려시대에 들어서며 더욱 극심해졌다. 수입품의 대다수가 왕궁 귀족에게 필요한 비단, 도자기, 약재, 차, 서적, 악기 등의 사치품이었고, 일반 서민들은 상업의 혜택을 누릴 꿈도 꾸지 못할 귀중품들이었다. 백성들은 원나라의 모피 공납 강요에 의해 관청의 가죽 징발에 시달려야 했다. 해상무역을 위해 특별히 조선된 원양무역선은 화려한 명칭과는 달리 실제로는 중국으로 가는 조공선에 불과했다. 반강제에 의한 조공무역을 제외하면 삼국과 고려시대에는 국내 범위에서의 진정한 상업 활동이 전무했다고 보는 것이 타당할 것이다.

주州나 군의 토산물은 다 관가에 바치므로 장사치는 멀리 행상을 다니지 않는다. 다만 대낮에 고을에 가서 각각 자신의 물건으로 없는 물건을 교환하는 것으로 만족한다.[159]

---

159 『고려도경』, 제9권.

조선시대 보부상
길가에서 잠시 휴식
하고 있는 장면. 수
레가 다닐 도로가 없
었기에 물건을 등짐
으로 져서 날랐다.

　시장이 설치되고 행상(보부상[160])이 생겨난 것은 조선시대
의 일이다. 15세기 시비법施肥法의 개선으로 인한 농산물의 증
가로 잉여 농산물을 상거래 하는 지방 장시가 열리면서부터
였다. 이 장시에 물건을 대는 행상은 보부상들이었다. 수레가
다닐 만한 도로가 없었기 때문에 물건을 지게에 지고 판매하
는 등짐장수와 어깨에 질빵을 짊어지고 다니는 봇짐장수가 생
겨난 것이다.

　중국에서도 멜대로 상품을 운반하여 상거래하는 행상들이
있다. 그러나 산길이나 좁은 오솔길을 어디고 다닐 수 있는 등
짐이나 봇짐과는 달리, 멜대는 어느 정도의 폭과 평평한 노면

---

160 보상과 부상을 총칭하는 것으로, 전통사회에서 시장을 중심으로 행상을 하면서 생산
　자와 소비자 사이에 교환경제를 매개하였던 전문적 상인이다.

을 가진, 일정한 규모를 갖춘 도로가 없이는 운반이 불가능하다. 때문에 도로 건설은 선제 조건이 될 수밖에 없는 것이다. 태평차나 대두차의 사용은 두말할 것도 없다.

태평차

서민생활용품이 상거래의 주요 물품 내역이 된 것은 이 시기부터였다. 그러나 중국은 북송 시기부터 상거래에 취급되는 품목들이 더 이상 달관 귀인의 사치품이 아니라 일반 서민들의 생활용품으로 바뀌었고, 세계 최초로 금속화폐 대신 지폐가 유통되었다.

사방 70리 면적에 인구 130만의 대도시, 번화한 송나라의 도읍지 임안臨按의 거리와 골목마다 가게와 점포들이 즐비하고 전국 각지에서 모여든 상품들이 화려하게 진열되었다. 전례 없는 상업의 호황은 사통팔달한 육로와 수로의 건설 없이는 꿈도 꿀 수 없는 광경이었다.

조선시대의 지방 장시와 보부상이 생겨 국내 상거래가 간신히 첫걸음을 내디뎠지만 여전히 상업 활동의 중추를 이루는 것은 조공무역이었다. 도로와 수레를 이용한 대규모 상품 운반이 어려웠기 때문에 국내 상거래는 도성 안이나 중국과의 무역 경로에 있는 국제 장시를 제외하고는 소규모로 운영되었을 뿐이다. 그나마 조선시대에는 도로 수축과 정비에는 뒷전이었지만, 다행히도 수로를 이용하여 물품 운반을 함으로써 국내 상업 발전에 조금이나마 이바지할 수 있었다.

대외무역은 중국으로 드나드는 사신들에 의해 거래되는 개시開市[161]와 암암리에 밀거래가 행해지던 후시後市[162]를 통해 이루어졌다. 의주의 중강, 함경도의 북관(야인들과의 상거래 장소)이 국내의 후시들이다. 책문과 회동관은 중국 경내의 시장이었다.

조선시대에는 도로 건설은 둘째 치고, 기존의 도로에 대한 정비와 보수작업마저도 방치해 사용이 불가능했다.

도로는 징세 대상에서 제외되었기 때문에 백성들 중에는 세금을 물지 않기 위해 도로 위에 임시로 가가假家를 짓고 살았다. … 좁은 집을 넓히려 도로에 울타리를 쌓는 사례도 있었다. … 조선 초, 후기에 이르면 이러한 사태는 더욱 심하여, 바둑판 같던 도심의 도로는 뒷골목에 이를수록 좁아지고 꼬불거려 수레가 다닐 수 없을 지경이 되었고 심지어는 길을 막아버리기까지 하였다.[163]

---

161 조선 후기 청나라, 일본 등을 상대로 열었던 대외 교역 시장으로, 압록강 하류에서 열리는 중강 개시와 함경도의 회령 개시 및 경원 개시, 동래의 왜관 개시 등이 열렸다. 한편 개시에서 이루어진 무역 거래를 개시무역(開市貿易)이라 한다. 위키백과사전.

162 조선 후기 사상(私商)들이 전개한 밀무역으로 조선에서 청나라로 사신을 보낼 때 청나라의 회동관에서 이루어진 회동관 후시, 중강에서 이루어진 중강 후시, 의주 맞은편의 책문(柵門)에서 이루어진 책문 후시가 대표적이다. 또 함경도 경원 등에서 야인과 거래한 북관 후시, 부산 등의 왜관에서 왜인과 거래한 왜관 후시가 있었다. 한편 후시에서 이루어진 무역 거래를 후시무역(後市貿易)이라 한다. 위키백과사전.

163 『한국의 살림집』, 申榮勳, 悅話堂, 1983년 8월 5일, p.136~137.

도성 안의 도로 사정이 이러하였으니 지방 도로는 어떠했으리라는 것은 묻지 않아도 짐작할 만하다. 중국으로 가는 사신들과 중국의 사신들이 왕래하던 한성—의주 간 도로를 제외하면 고려시대와 조선시대의 도로라는 개념은 수레가 다니는 길이 아닌 사람이 도보로 통과할 수 있는 길을 의미한다.

종국적으로 도로의 황폐화와 교통의 두절은 조선의 정치, 경제, 문화를 아우르는 모든 면에서 후진국이 되게 함으로써 주변 강대국들의 간섭과 침략을 받으며 굴욕의 역사를 살게 한 근본 원인 중의 하나가 되었다.

온돌—좌식생활.

거기서 양산된 게으름은 천 년 굴욕의 병든 역사를 잉태한 자궁이 된 것이다. 따뜻한 온돌이, 안일한 좌식습속이 한국인의 몸속에 줄기차게 흐르던 유목민의 싱싱한 피를 망각하게 했다. 부끄럽고 창피할 따름이다. 끝없이 뻗은 고속도로를 따라 미친 듯이 차를 달리고 싶다. 변변한 도로 한 가닥 없었던 우리의 수치스러운 과거의 기억을 불어오는 바람에 날려버리며……

3. 신발과 문화

신발은 한민족의 문화 발전과 체형 변화에 지대한 영향을 미친 생활 필수품이었다.

인류 최초의 신은 뼈를 바늘 삼아 꿰매어 만든 가죽신이었다. 그 뒤로 점차 농경민의 리履와 화靴로 분화되었다.

농경 정착민인 중국인은 주로 목이 낮은 리履를 신었지만, 유목민의 영향을 받아 화靴도 신었다. 그러나 유목민들은 북방의 혹한과 열악한 도로 상황 때문에 주로 화를 착용하고 리를 잘 신지 않았다. 흉노, 몽골, 돌궐인이 그러했다.

유독 유목민의 후예인 한국인만은 리와 화를 혼용해 신었다.

> (한국의 신은) 이렇게 혁리革履와 초리草履의 두 갈래가 보이는 가운데 다시 리履와 화靴의 2중 구조로 보인다. … 우리 리履의 원형이 북방 계통인 화靴이었음을 짐작하게 하는 것이다. 그러면서도 남방 계통의 짚신이 또 하나의 전통을 지니고 유구한 역사를 가지고 있었으리라는 것도 넉넉히 짐작이 간다.[164]

---

164 『한국문화사대계』Ⅳ「풍속·예술사」, 高大 民族文化硏究所, 1970년 2월 28일, p.38.

농경민의 신발인 리와 수렵민족의 신발인 화를 오래전부터 혼용했다는 사실은 북방 제 민족 중 오로지 한민족만이 복식과 족의足衣를 포함한, 중국 농경문화를 적극 도입했음을 설명한다. 그것은 기자조선, 위만조선, 한사군이라는 역사를 횡단하며 중국인의 입김과 그늘 아래서 살아오면서 습속화된 2중적 문화 현상이라 할 수 있다. 낙랑시대의 채협총에서 발굴된 한인漢人 신발인 초리草履가 이 같은 논증에 명분을 제공하고 있다.

본서에서는 극소수의 지배계층만이 신은 갓신보다는 중간 계층이나 서민들이 주로 신음으로써 민족문화의 형성에 영향을 미친 짚신에 대해서만 언급하려 한다.

한반도에서도 짚신의 역사는 2천 년 전의 마한시대로 거슬러 올라간다. 『후한서』에는 마한인들이 도포와 짚신을 착용했다는 기록이 보인다. 신라시대에도 짚신을 신었고(이형토기異形土器), 고려시대에도 남녀노소가 모두 짚신을 신었다.[165]

짚신을 신은
조선시대의 나그네

---

165 『고려도경』.

초혜草鞋는 볏짚으로 엮은 엄짚신과 왕골, 부들로 촘촘히 엮은 짚신이 있는데, 서민들은 대체로 볏짚으로 엮은 신을 신었다. 이 왕골과 부들은 조선시대에 들어와서는 짚신보다는 멍석을 겯는 재료로 주로 쓰이고 있음을 미리 지적해두어야겠다. 짚신 재료는 볏짚이 주를 이룬다. 미투리라고도 하는 마혜麻鞋는 삼실로 엮은 짚신인데, 유생들이나 중인층에서 주로 신었다. 관리들도 먼 길을 떠날 때에는 갓신을 벗고 짚신을 신었다.

중국에서 초혜의 역사는 진秦나라 때로 거슬러 올라간다. 부들(포蒲)로 엮은 삽혜靸鞋는 기원전 245년부터 만들어 신었다. 칠리漆履는 이보다도 앞선 시기인 전국 시기부터 한나라 때까지 유행하던 초혜이다. 이 신은 삼 껍질로 엮은 것이다.[166] 한대漢代 이전의 초혜는 루屨라고 불렀는데, 거개가 삼 껍질이나 칡葛 같은 것으로 겯은 것들이었다. 삽혜의 경우는 명대明代까지도 전족을 하지 않은 사람들이 많이 착용했다. 전족을 한 사람들은 비단으로 신을 지어 신었다.[167]

그런데 필자가 본 장에서 담론하려고 하는 것은 중국의 짚신이 아니다. 논의의 초점은 한국의 짚신과 중국의 포혜布鞋(헝겊신)의 형태와 기능에 대한 비교 분석과 그 문화적인 타성이다. 알다시피 한국인은 좌식생활에 편리하도록 앉는 자리

166 『图说中国传统服饰』, 郑婕 著, 世界图书出版公司, 2008년 1월 1일.

167 『明代社会生活史』, 陈宝良 著, 中国社会科学出版社, 2004년 3월 1일, p.224.

인 멍석 등 깔개는 견고한 부들로 결으면서도 길을 걷는 신발은 쉽게 닳는 볏짚으로 엮는다. 과거시험 보러 가는 선비, 물건을 파는 행상들이 먼 길을 떠날 때에나 부들신을 만들어 신었다. 관리들이나 귀족들은 이동 시에 수레나 가마 또는 나귀를 타기 때문에 보행에는 적합하지 않은, 신의 좌우가 분리되지 않은 당혜唐鞋를 착용한다. 고대 한국은 물론 조선시대까지도 도로 사정이 열악했다는 점을 감안할 때 보행 시 짚신의 마모 정도를 가히 짐작할 수 있다. 당혜가 이동이 목적이 아닌 방한, 청결, 사치, 신분 등 위계를 상징한다면, 짚신은 이동이 적은 한국인의 온돌좌식생활을 상징한다고 봐야 할 것이다.

중국인들은 이와는 반대로 장거리 이동과 장거리 보행을 목적으로 한 헝겊신(포혜)을 특별히 제작하여 신었다. 중국에서 포혜는 3,000년의 유구한 역사를 자랑하고 있다. 산서성 후마候馬에서 출토된 서주무사귀상西周武士跪像은 가장 최초의 헝겊신이다. 전국 시기의 칠리도 비단 천으로 만든 신이었다. 후한, 동한 시기에도 신을 풀로도 엮고, 비단 등 포를 원단으로 제작했다.

남북조 시기에는 한 여인이 포혜를 신었는데 신 안에는 향기가 나는 깔창을 깔고, 신 바닥에는 삼 껍질로 연꽃 도안을 수놓았다. 당시 사람들은 이 신을 일컬어 '걸음마다 연꽃이 피어나는 신'이라고 찬사를 아끼지 않았다.

당대에는 또한 장거리 보행에 편리한 여행용 신을 발명하기도 했다. 대시인 이백은 이 신을 각별히 즐겨 신었다고 한다.

헝겊신

이동을 목적으로 한 중국의 헝겊신은 특별히 신 바닥을 견고하게 제작했다. 바닥에는 헝겊을 여러 겹으로 덧대어 바늘로 촘촘하고 탄탄하게 꿰맴으로써 쉽게 닳지 않도록 특수 제작했다.

그러나 한국에는 보행이나 이동에 적합한 신이 없다. 짚신보다 마찰에 견디는 고무신은 조선시대 한국인이 즐겨 신었다. 그러나 고무신 역시 먼 길을 걷거나 이동하는 데 불편한 구조이다. 좌우가 없기 때문이다. 코신도 마찬가지 경우이다. 일제 강점기에 일본에서 들어온 코신은 그 역사도 얼마 되지 않는다.

온돌에서 좌식생활로 인해 허리가 굽어든 굴절체형에 짚신이나 고무신 또는 코신을 신고 산간지대에서 살아가기란 실로 고통 그 자체였을 것이다. 이런 신을 신고 살아간다는 것은 먼 길 걷는 행위를 포기할 때에만 그런대로 가능하다. 짚신바닥이 쉽게 닳아 조선시대 과거시험 보러 한양으로 상경하는 선비들은 반드시 등짐에 짚신 수십 켤레를 미리 삼아서 휴대하고 출타해야만 했다. 중국인들도 원로 출타를 할 때엔 등짐에 헝겊신을 휴대하고 떠나지만 짚신처럼 수십 켤레씩 준비하지 않아도 된다. 신 바닥도 탄탄하게 특제되었고 도로도 잘 정비되어 있어 쉽게 닳지 않기 때문이다.

한국 전통문화의 허울을 벗기다–한·중 문화 심층 해부

도로가 발달하지 않은 나라의 백성에게 견고한 신이 있었다 한들 무슨 쓸모가 있었겠는가. 온돌에 편안히 앉아서 생활하며 먼 길 다닐 일도 없었을 터이니 짚신 한 켤레면 족했을 것이다. 왜냐하면 노동을 제외한 대부분 시간은 구들에 편안히 앉거나 누워서 지냈을 것이니 말이다.

중국의 신을 논하면서 전족을 언급하지 않을 수 없다. 그 역사가 유구할 뿐만 아니라 중국문화에 미친 영향도 과소평가할 수 없기 때문이다.

전족의 상식적 설명은 생략하기로 하고 여기서는 필자의 견해만을 피력하려고 한다.

전족에 대한 중국 학계의 기존 해석 중에서 가장 각광 받고 공인된 논리는 여자의 도주를 방지하기 위한 것이라는 가설이다. 그런데 얼핏 생각하기에도 타당성이 부족한 감이 없지 않다. 전족이 보급되기 시작한 것은 남송 때이지만 주로 상류층 여성들만 했고 서민 여자들이 본격적으로 전족을 한 것은 명대부터이다. 귀족에게 출가하여 호의호식하는 여자가 도망갈 이유가 없건만 아이러니하게도 전족은 명문가나 상류층에서 먼저 시작되었다는 점에 대해서도 해명이 석연치 않고, 정작 가난한 서민 가정에 출가한 여자는 생활고에 찌들다 못해 도주할 법도 한데 도리어 서민층이 전족을 한 시기는 수백 년이 지난 명대에 와서야 보급된 것에 대한 의문에도 명쾌한 해답을 주지 못한다.

이러한 의문에 대한 명쾌한 해석은 한마디로 부자들에게는 여자의 미모가 관심사이지만, 서민에게는 여성의 노동력이 중요하기 때문이다. 가난한 사람들에게 있어서 전족은 곧 노동력의 상실을 의미한다.

> 향기로움 아낌없이 내뿜으며 연꽃 밟듯 걷는 걸음
> 깊은 시름에 젖은 비단 버선이 물결치듯 지나가네
> 춤사위에 이는 바람만 느껴질 뿐
> 어디에도 지나간 흔적조차 없다오
> 남몰래 궁중식으로 차려입어 차분한데
> 나란히 섰던 두발 넘어지니 애처롭네
> 그 섬세한 아름다움 어찌 말로 다하리
> 그저 손 안에 놓고 즐겨볼 뿐

『보살만菩薩蠻』 소동파

소동파의 이 시의 내용은 배부른 사람들이나 관심이 있을 뿐 땅을 파먹고 사는 농사꾼들에게는 손톱눈만큼도 흥미가 없는 것들이다.

필자는 전족이 북송 시기도 아니고 남송 시기에 흥행한 것은 그럴만한 이유가 있다고 생각한다. 남송 때는 의자가 일반화된 시기이기도 하다. 의자의 보급과 함께 변화된 입식생활은 여성들의 협소하던 활동공간을 일시에 넓혀주었다. 꿇어앉을 때 골반 밑에 깔려 타인의 시선에서 은폐되었던 발도 의자에 일어나 앉음으로써 남성들의 시선에 노출되게 되었다.

한국 전통문화의 허울을 벗기다—한·중 문화 심층 해부

여자의 발이 음부, 유방에 이어 세 번째 성감대로 인지된 것은
꿇어앉아 생활하던 시대에 은폐되었던 발의 은밀함과 신비감
때문이었다. 입식생활은 은폐되었던 발을 노출시키고 행동
반경을 확대함으로써 여성을 유교적인 형틀에서 해방시키는
계기를 마련했다.

　여기에 한마디 더 추가해야 될 사항은 송대宋代에 이루어진
역사적인 중원 사람들의 대규모 남하 사건이다. 남쪽 땅에 천
이한 북방인은 이방인으로서 타향살이를 하는 나그네요, 이른
바 객호였다. 인맥, 지연, 주거, 토지……소유한 거라곤 아무
것도 없었다. 그들이 할 수 있는 일이란 단 하나 상업뿐이었
다. 그들이 가지고 내려온 건 돈과 재물 그리고 선진 농경기술
이었다. 때마침 당시 송나라는 금나라와 요나라의 강압에 못

**전족을 한 여인(좌)과
신발.**
서민 여성층에 전족
이 일반화된 것은 명
대부터이다.

이겨 해마다 이들에게 상납해야 하는 공물과 세금이 엄청났다. 국가에서는 역사적으로 상업을 경시하던 정책에서 선회하여 상업을 장려하고 상인들에게서 상세를 징수함으로써 이 난제를 해결하는 수밖에 없었다. 국가의 재난과 수요와 맞물려 기회를 만난 상업의 흥성은 순식간에 무직자가 된 북방이방인들에 의해 수행되었다. 상업의 발전은 상거래를 위한 도시화의 촉진과 물품 운반을 위한 도로망 확보가 국가적인 선결 과제가 될 수밖에 없었다. 국가는 도로 신축 공사와 운하, 수로 건설을 대대적으로 추진하여 상업의 비약적인 발전에 유리한 활주로를 마련해주는 일에 주력했다.

상업 행위는 이동이 전제이다. 이동을 통해 상품을 운송하여 지역에 따라 부동한 공급과 수요에 의한 가격차를 이용해 이윤을 챙기는 경제유통 활동이다. 상인은 상품을 매매하는 상거래를 행함으로써 소유물의 임자를 교체하는 행위를 반복한다. 소유―그것은 봉건사회의 근간을 이루는 가치관이다. 상인들에 의해 행해지는 탈 소유, 주인으로부터의 소유물의 해방과 소유권의 이동은 유교의 절대 소유의 가치관에 감히 도전하는 이단 행위나 다를 바 없다. 바로 이러한 봉건 이데올로기의 관념에서 선비들은 상업을 천시하고 상인을 매도했다. 그러나 한편으로는 이들 상인들에 의해 파국의 수렁에 빠지려는 국가 경제를 운영하고 체제 보장이 유지되므로 무자비하게 탄압할 수도 없는 노릇이어서 이념적으로는 유교적 소유질서를 강조하면서도 행정적으로는 상거래를 용납하는 2중

한국 전통문화의 허울을 벗기다―한·중 문화 심층 해부

잣대를 적용하게 되었던 것이다.

남송 시기의 대철학자 '주희는 상하존비의 등급질서를 특별히 강조'하고 '삼강오상三綱五常이 우주의 근본이며, 모든 사물의 근원'으로 여겼다.[168]

아이러니한 것은 주희가 중국 십대상방十大商邦 중에서 첫손가락에 꼽는 휘상徽商의 발상지인 휘주徽州 사람이라는 사실이다.

이처럼 상업의 발전에 의해 뿌리째 흔들린 봉건 소유 질서가 소유의 마지막 보루인 아내에게조차 위험이 들이닥쳤던 것이다. 상인은 직업상 재가 시기보다 출타 시간이 더 많다. 소유물은 얼마든지 이동하고 주인이 바뀔 수 있다는 사실을 상거래를 통해 실감한 상인들은 자신의 소유물인 아내도 이동이 가능하다는 것을 느꼈을 것이다. 상인들의 외출과 홀로 독수공방하는 여인들이 도주하지 않으리라는 담보는 그 어디에도 없었다. 남편이 줄 수 있는 것을 줄 수 있는 남자라면 누구든지 교체 가능하기 때문이다. 더구나 입식생활로 인해 다른 남성들에게 노출된 은밀한 신체 부위(발)가 상인을 더욱 불안하게 했다. 전족을 강요해야만 아내를 후원에 묶어 둘 수 있었다.

물론 딸을 가진 부모들은 자식에게 고통을 강요하면서까지

---

168 『중국철학사 3 송명청편』, 중국북경대철학연구실 지음, 홍원식 옮김, 1997년 2월 25일 자작아카데미, p.123~125.

전족을 시킬 만큼 지독하지 못하다. 그러나 딸을 재력가에게 출가시켜 호강을 누리게 하려면 울며 겨자 먹기로 전족을 시킬 수밖에 없었을 것이다. 상인들은 도주 위험이 제거된 그런 여자를 요구할 터이니 말이다. 그러나 부잣집에 딸을 출가시킬 가망이 없는 민초들은 구태여 자식에게 전족을 할 것을 핍박할 필요를 느끼지 못했을 것이다. 그들에게는 무엇보다 생계를 유지할 노동력이 필요했기 때문이다. 명대에 이르러 한간에서 전족 열풍이 고조에 달했던 건 일종의 시대적인 유행이었다고 할 수 있다.

다른 한 가지 이유를 더 첨부하자면 육체 노동에 대한 천시를 포괄시킬 수 있을 것이다. 체력 노동은 보통 발의 이동을 통해 이루어진다. 어려서 인위적으로 발의 성장을 억제시키면 혼례를 이룬 후에도 시댁에서 고된 노동을 면할 수 있다는 유리한 점이 전족을 강요하는 이유가 되었던 것 같다. 딸자식에게 혹독한 시집살이를 시키지 않으려는 친정 부모의 사랑이 깃들어 있다. 물론 농경민으로서의 한인漢人들이 본의 아니게 노동을 천시하게 된 데는 남송시대의 눈부신 상업의 발달과도 무관하지 않을 것으로 본다. 노동만이 생계를 보장하는 유일한 경제 수단이던 시대는 지나갔기 때문이다.

전족이 중국의 문화에 끼친 영향은 크지도 작지도 않다고 본다. 원래 유교적 이데올로기의 사회에서 여성의 사회적인 역할은 미미한 것이다. 정치에도 참여할 수 없고 국방의 책무도 부과되지 않는다. 가정에서의 역할 분담으로 한정될 뿐이다. 생육, 성 도구, 직조, 가사, 길쌈 등 대부분 이동이 필요 없는, 고정된 장소에서 할 수 있는 작업들이다. 여성들이 전족으로 하여 잃은 것이 있다면 전답에서 일할 수 있는 노동력의 상실뿐이다. 그러나 귀족층 여성들은 미술, 서예, 음악, 시, 수놓기, 예술 등의 취미생활이 전족으로 하여 중단될 우려는 없었다.

다만 근대에로 이접할수록 서양에서부터 시작된, 여성의 사회적 역할의 범위가 미증유로 증대됨에 따라 상대적으로 중국은 세계적인 추세에 보조를 맞출 수 없게 되었고, 노동력 감소로 하여 경제 발전에도 일정한 타격을 받을 수밖에 없었다. 아울러 여성의 신체 발육과 건강에도 부정적인 영향을 미쳤으며, 국제적인 이미지가 추락하는 요인이 되기도 했다.

한편으로 전족은 또한 여성을 남성의 소유물로 확보함으로써 밖에서 남성의 활동이 활발해지고 정신적 부담을 덜 수 있는 긍정적인 면도 없지 않았을 것이다.

제6장
기타 고유 문화에 대한 담론

한국인의 한恨문화와 예의범절, 존댓말 등 문화 현상은 한국 고유의 문화를 구성하는 홀시할 수 없는 요소들이다. 본서에서는 한문화의 유래에 대한 기존의 부당한 이론들을 극복하고 온돌문화를 문제 해결의 열쇠로 삼아 왜곡된 진실을 복원하는 작업을 시도했다. 한국어 존칭의 잉여 발달 현상은 좌식주거문화의 특성과 결부시켜 그 원인을 해석하기에 주력했다.

아기 등에 업기, 널뛰기, 물동이 머리에 이기와 같은 소소한 한국인의 일상생활풍속도 고유 문화의 범주에 망라됨은 논박의 여지도 없다. 그럼에도 이들 풍속들을 별도의 장절을 할애하여 좀 더 심도 있는 담론을 전개하지 않고 한 개 절에서 일괄 처리하게 된 이유는 논의 분량도 그렇고, 한국 전통문화에서 차지하는 위치도 그렇고, 의미의 비중이나 규모가 협소하다는 점에 착안한 것이었다.

마지막 절의 고구려 고분벽화에 대한 취급은 본서의 집필 취지와는 좀 비켜가는 듯한 인상을 주는 것도 사실이지만 고분벽화를 하나의 문화라고 봤을 때 이 문화를 창조한 주인이 누구인가 하는 문제는 제기되지 않을 수 없다. 문화의 고유성은 그 문화를 창조한 주인, 즉 민족에게 속하기 때문이다. 본서에서는 주로 벽화의 기법과 그 기법을 장악한 화공(장인)들의 내력을 밝히는 데 필묵을 집중했다. 그림 속의 주인공보다는 그림을 그린 장인의 추적에 지면을 할애함으로써 고구려 벽화문화를 창조한 민족의 정체를 밝히려고 시도했다.

1. 한국인의 한恨문화

　민족의 고유 문화, 성격, 기질, 정서는 그가 처한 자연환경
과 인문환경이라는 거대한 거푸집에 의해 주조된 아이템이
다. 한국인의 정서에 한의 흔적이 깊게 새겨진 것도 이러한 문
화 형성 구조에서 예외일 수는 없다. 환경의 압박은 시간의 흐
름을 빌어 특정한 문화 윤곽을 응고시키고 일상생활에서 습속
화 시킨다.

　　한국인은 신체적, 심리적인 개인 차이에도 불구하고 긴 역사 과
　　정에서 우리 민족 고유의 성격과 기질을 형성해왔다. 그리고 그
　　것은 민족 공동의 것으로 내면화되고 체질화되었다.[169]

　인간은 환경에 의해 창조되고 환경에 의해 변화된다. 여기
서 자연환경도 중요하지만 인위적인 인문환경, 이를테면 주거
문화와 같은 인문환경이 민족의 고유성을 형성하는 데 결정적
인 영향을 미친다는 사실을 감안하지 않으면 안 된다.
　한국인 정서의 근본이 한이라는 이 특이한 고유 문화에 대
해 적지 않은 민속학자들이 자신들의 일가견을 피력한 바 있
다. 그러나 최상진의 '한이 산생하는 3대조건설'이나 이어령

---

169 『동양심리학』 「한국인의 한」 인터넷레포트샵.

의 '한풀이의 신바람 설' 그리고 김열규의 '신바람 설'은 모두 문제의 핵심을 명쾌하게 제시하지 못한 채 주변을 겉돌고만 있다. 최상진의 경우는 보편성의 결여가 문제시되고, 이어령과 김열규의 경우는 한의 원인 규명보다는 현상에 집착하는, 주제 이탈의 단점을 드러내고 있다. 한마디로 그 어느 학자도 한의 발생 원인을 정확하게 진단하지 못하고 있다는 공통적인 결여를 지니고 있다. 이 밖에도 한의 내원을 샤머니즘과 유교문화와 연관시켜 분석을 시도하는 학자들도 있지만 동일한 이데올로기 속에서 살아온 주변 민족들에게서는 찾아볼 수 없는 사실 하나만으로도 타당성이 무색해지는 논리들이다.

단도직입적으로 지적하면 한문화의 발생 원인은 온돌과 좌식생활이라는 한국인의 주거문화에서 기인한다는 것이 필자의 주장이다. 앞 장에서도 언급했듯이 고려시대부터 보급된 온돌은 도로의 황폐화를 야기했고, 도로의 황폐화는 역으로 온돌문화의 일반화를 촉진했다.

"그 마을에서 조상 대대로 살아오면서 그 마을에서 태어나 그 마을 밖으로 한 발자국도 옮겨놓지 않고 살다 죽은 우리 한국인에게 경계 밖은 무의미하고 낯선 공간이었다."(이어령)

자폐증적인 이러한 자기 억압, 이동을 거부하는 생활습속을 단순히 정착 농경민이라는 논거만으로는 설명이 불충분하다. 중국인들은 농경의 역사가 한국보다 더 유구하지만 한의 정서는 없기 때문이다. 마을 밖으로 한 발자국도 옮겨놓지 않은 것은 따뜻한 온돌의 떨쳐버릴 수 없는 유혹과 미련 때문이며 도로가 개발되지 않았기 때문이다.

도로를 통해 연결되지 않은 외부 세계는 실제 물리적인 거리보다 심리적인 거리가 더 요원할 수밖에 없으며, 그리하여 위험과 모험이 도사린 미지의 공간이기도 하다. 도로와 연통되지 않은, 바깥세상은 그 공간을 경험하지 못한 사람에게는 단지 '산이 높고 물이 깊고 가시덤불'뿐이어서 도저히 '갈 수 없는' 곳에 불과할 따름이다. 길을 떠나간 사람은 부득이한 사정(과거시험, 병정 살이, 돈벌이)에서 나가긴 했지만 길이 험해 돌아오지 못한다. 보통 도회지로 나가기 마련인데, 바깥세상을 구경한 사람들은 마음이 변해 구질구질한 시골로 귀환하지 않으려 하는 것이다.

반면 집에 남겨진 사람은 떠나간 사람을 찾아 나서자니 위험이 도사린 바깥세상이 너무 두려운 것이다. 게다가 미지의 바깥세상에서 풍찬노숙하기에는 편안하고 따스한 온돌의 유혹을 차마 뿌리칠 수 없었을 것이다. 온돌을 떠난다는 것은 곧 고생의 시작을 의미했다. 그리하여 이들이 할 수 있는 일이란 오로지 하나, 집 안에 앉은 채 막연하게 떠나간 사람의 귀향을 기다리며 오지 않는다고 원망하는 일뿐이다. 이러한 상황은 한국의 전통 민요와 문학작품들에서 잘 표현되고 있다.

도로의 부재로 실제보다 부풀려진 내부 세계와 외부 세계와의 거리감은 심리적인 불안과 초조함을 유발하고, 그것은 다시 이별과 기다림의 슬픔을 극대화시키고 있다. 그리하여 '이별의 아픔과 이별의 눈물'은 도로의 부재로 심리적인 거리가 확대된 공간에서 떠나가는 행위와 오지 않는 행위에 대한 원망으로 나타난다. 이렇게 생겨난 한은 전적으로 물리적 또는 그 연장선상에서 작용하는 심리적 거리의 원근관계에 의해 설정된 정서의 파동이다.

한민족의 정서를 가장 잘 대변하는 '아리랑'을 예로 들어보자.

'고개를 넘어 감'을 원망하다 못해 '십 리도 못가 발병' 나라고 기도하고 있다. 여기서 '고개'는 전통한옥 주거공간을 중심으로 하여 이동할 수 있는 생활 반경의 주변 경계를 은유하고 있다. 문학작품에서 자주 등장하는 '동구 밖'이라는 개념도 '고개'와 같은 상징적 의미를 내포하고 있다. '넘어가면 보이지 않는 고개'(이어령) 그 고개 너머에는 '높은 산과 깊은 물, 가시덤불' 만이 존재하는, 도로가 없는 미지의 세상이다. 그래서 마중을 해도 '고개와 동구 밖'까지이고, 간절히 바라도 '고개와 동구 밖'[170]까지이다. '그 경계 밖으로 고개를 넘어간다는 것은 위험한 모험이요, 또 살아 돌아오지 못할 수도 있는 위기'(이어령)의 공간이기 때문이다. 그 위기는 다름 아닌 길의 부재로 인하여 산생된 것이다. 온돌과 같은 편안함과 안전한 공간 확보가 안 되었다는 불안감에서 유발된 내면화된 심

---

170 이청준 「눈길」 등의 작품에서.

리 상태이다.

　우리나라의 산천은 고개를 넘으면 한 마을, 개울을 따라 휘돌면 또 한 마을, 개울 건너 고개 넘으면 다시금 마을이다.[171]

사실상 고개 너머는 위험의 땅이 아니라 마을이 존재한다. 그런데도 그 '고개' 너머의 세상이 두려운 것은 마을과 마을이 길의 부재로 인하여 연결이 단절되었기 때문이다.

　옛날 봉건사회에서 마을 공동체의 활동 범위를 차단하던 것은 '고개'였으므로 '고개' 넘어가는 것은 다시 만나기 어려운 '이별' 을 의미하였다.[172]

아리랑의 가사를 정독하다보면 맨 먼저 느끼는 것이 가는 것, 즉 걷는 행위와 이동에 대한 강력한 거부감이다. 당시의 도로 상황이 얼마나 열악했는지를 알게 한다. 고된 노동에 뼈 가 굳은, 시골에 사는 농사꾼이 십 리도 못 가서 발병이 난다 면 그 길은 정비된 도로가 아니라 험한 산길일 것이 분명하다. 물집 같은 것은 걸음을 적게 걷는 사람일수록 잘 생기는 발병 이다. 온돌에 편안히 앉아서 생활하다보니 노동 이외에는 별

---

171 『한국의 살림집』, 申榮勳, 悅話堂, 1983년 8월 5일, p.22.
172 『대한민국대표토론마당』 「한토마」 〈아리랑의 어원은 무엇일까?〉.

로 걸어 다니지 않았음을 의미한다. 마을을 중심으로 한 고개와 동구 밖까지의 영역, 즉 사방 십 리(십 리도 못 가서 발병 난다)가 한국인의 평소 생활 범위였다.

'아리랑'의 어원에 대해서도 필자는 기존의 가설과는 전혀 다른 견해를 가지고 있다. '알영 설'은 막연한 근거에 입각한 억측에 불과하고, '아리'가 '아리따운'의 뜻이고 '랑'은 '님'이라는 가설은 '스리랑'에 대한 해석에서 통하지 않는다. 이 가설대로라면 '아리랑고개'는 '아리따운 님의 고개'로 해석되는데 문법, 수사학적으로도 의미가 성립되지 않는다.

필자는 '아리'의 어원은 '아리다', 즉 '아프다'의 뜻에 두고 있으며, '랑'은 종결어 '다'의 어원으로 간주한다. '아리다'에서 '다'는 방언에서 '당(아리당)'으로 발음되는 경우가 많다. '하다'를 '하당'으로 발음하는 것은 중세 방언의 발음법에서 흔히 나타나는 언어 현상이다. 노래를 부르는 중에서 '당'의 된소리가 순화되면서 '당'이 '랑'으로 발음이 전환한 것이다. 더 말할 것도 없이 '스리랑'은 '쓰리다'의 뜻이다. '아리'는 '가슴앓이'와 같은 경우 '앓이'가 변화된 음이며, '아라리'는 노랫말에서 흔히 보이는 후렴에서의 장식어구이다. 아픔에 대한 강조의 의미가 담겨 있다.

필자의 견해대로 '아리랑'의 가사를 현대어로 풀면 '아프다', '가슴 아프다' 또는 '가슴 아프게'의 뜻이 될 것이다.

(가슴이) 아프다 아프다 (가슴이) 너무 아프다

(가슴이) 쓰리다 쓰라리다

임을 떠나보내는 사람의 이별의 슬픔이 고스란히 드러난
다. 한번 넘어가면 돌아오지 않고, 찾아서 넘어갈 수 없는 고
개, 그래서 그 가까우면서도 먼 심리적 장벽인 고개를 하염없
이 쳐다보며 임을 원망하다보면 저도 모르게 가슴이 아프고
쓰려지는 것이다.

한국인 여성은 항상 '고갯마루'나 '동구밖'에 서 있었다. 어
려서는 엄마나 아버지를 기다렸고, 시집을 가면 남편을 외지
로 떠나보내고 기다렸다. 부모가 되어서는 자식을 먼 길 떠나
보내고 기다리는 장소이다.

아우라지 처녀 동상
(정선아리랑)
(강원도 정선군 북면
유천리 소재)

한국 여성은 떠나가는 사람을 만류하
고 그래도 떠나가면 돌아오기를 기다렸
지만 한 번도 따뜻한 온돌을 떠나 찾아
나선적은 없었다. 그만큼 한국인에게
온돌의 유혹은 지대한 것이었다.

그런데 더욱 한스러운 것은 떠나간
사람이 원망스러우나 미워할 수 없다는
현실이다. 그들은 한결같이 자식, 남편,
부모이기 때문이다. 그리하여 그 한을
가슴속에 녹여 간직하고 노래와 글귀로
쏟아낼 수밖에 없었다. 그것이 전통민

요가 되고 춤사위가 되고 문학이 되었다. 반드시 오리라는 그 믿음은, 슬픔을 흥으로 승화시키는 밑거름이 되었던 것이다. 사랑하는 사람은 원망해도 흥이 난다.

이처럼 한국인의 한의 정서는 온돌문화가 보급된 고려시대에 윤곽을 잡기 시작했고, 교통이 완전히 황폐화된 조선시대에 들어와서는 한국인을 대표하는 고유 문화로 자리를 굳히게 되었다고 볼 수 있다.

2. 존댓말과 서열, 위계 구분

언어는 그 언어를 사용하는 민족의 생활이 농축된 문화 현상이다.

한국어는 세계 어느 나라 언어보다도 존댓말이 발달했다. 국내 학자들은 그 원인을 당연지사라는 듯 '동방예의지국'이기 때문이라고 정의한다.

그러나 본서에서는 언어 분석을 통해 이러한 주장과는 사정이 전혀 다르다는 것을 입증해보이려고 한다.

중국에서는 주거공간 내에서의 가족의 서열을 철저하게 방위에 의해 구분한다. 북쪽을 등지고 남쪽을 향해 정좌한 자는 가족구성원 중에서 가장 연장자이며, 남자는 서쪽, 여자는 동쪽에 자리가 배정되어 있다. 북쪽에서 남쪽으로 내려오며 나이 순서에 따라 자리가 엄격하게 규정되어 있다.

그러나 한국인은 온돌이라는 특이한 주거공간으로 인해 방위를 이용하여 가족 구성원들의 서열을 지정할 수 없다. 군이 주거 장소를 분할한다면 아랫목과 윗목 정도인데, 그마저도 낮에는 부엌에서 가사노동을 하는 여자들이 아랫목을 차지하고, 연장자와 남자들은 추운 윗목으로 밀려난다. 밤이 되면 자리 배치가 다시 변하는데 따스한 아랫목은 노인들의 차지가 되고, 젊은 여자들은 윗목으로 자리를 옮겨야 한다. 이렇듯 온돌구조에서의 방위에 의한 서열 구분이 어렵게 되자 방위가

아닌 별도의 양식에 의한 위계질서 구분의 필요성이 대두하게
된 것이다. 그 대안으로 부상한 것이 다름 아닌 언어에 존댓말
기능을 첨가하는 전략이었다.

　존댓말의 시원은 계급사회가 시작되면서부터라고 하지만
이와 관련된 문헌기록이나 자료가 없어 고증은 어렵다. 특히
'궁중 언어에서 존댓말이 세분화되고 발달되어 일반사회 언
어로 확대'된 것이라는 주장도 있다. 한국어의 존댓말의 유다
른 발달에 대해 예의를 숭상하는 유교국가라는 명분을 내세우
기도 하지만, 존댓말의 사용 유래와 구체적인 시기에 대해서
는 어느 학자도 확실한 해답을 주지 못하고 있는 실정이다.

　기실 한국어의 존댓말 문법체계를 세심히 분석해보면 의외
로 아주 간단한 문법장치로 그 기능을 수행하고 있음을 알 수
있다. 존댓말의 문법적 전용기능 수행은 어말 표기에서 자음
'ㅅ'(시옷)의 첨가로 간단하게 해결하고 있다. 자음 'ㅅ'은 목
젖으로 콧길을 막고 혀의 앞 천장을 앞바닥 가까이에 마주 닿
을락말락 하게 올리며 내쉬는 숨으로 그 사이를 마찰하여 내
는 소리이다. 따라서 발음기관상으로 헛바닥소리 곧 설면음舌
面音, 발음법상으로 갈이소리, 곧 마찰음이다. '시옷(時衣)'이
란 자모 명칭은 조선조 중종 때 최세진崔世珍의 『훈몽자회訓蒙
字會』(1527)에 처음으로 나타났다. 『훈민정음주해訓民正音註解』
에는 "ㅅ 니쏘리니 戌字 처펴아 니소리니 쓰면 邪썅戌字 처
펴아 나 소리니라.(人齒音戌字初發聲竝書邪戌字初發聲)"라고 하
였다. 또 『훈민정음해례』 「제자해制字解」에 의하면 "'ㅅ'는 제

자制字는 이(齒)의 모양을 본뜬(齒音ㅅ像齒形) 것"이라고 하였다.[173]

'ㅅ' 음이 잇소리를 나타내며 이의 모습을 본 따서 만들어졌다는 제자 설명에 주의를 기울일 필요가 있다.

이(齒)는 연령을 표시하고 나이는 서열을 의미한다. 이빨의 숫자는 경험의 누적과 정비례하며 경험자는 구성원 내에서 연장자이기도 하다. 고대에는 경험이 풍부한 자, 연장자는 경배의 대상이었으며, 공동체 내에서 권력의 소유자였다. 이렇다고 볼 때 이빨은 곧 구성원 중에서 위계와 순위를 정하는 명분 역할을 했음을 알 수 있다. 어말에서 자음 'ㅅ'가 존칭을 나타내는 시칭기능을 할 수 있는 이유가 여기에 존재한다.

방위로 서열을 정할 수 없는 온돌문화의 장소적 특성에서 존칭을 나타내는 자음 'ㅅ'를 문법적으로 설정함으로써 비로소 혼란 상태에 있던 가족 내 위계를 배당할 수 있었던 것이다. 장소적 위계 할당과 언어적인 위계 구분은, 전자는 언어상의 균등을, 후자는 장소상의 평등을 도모한다는, 서로 다른 특성을 파생시킨다.

한국인의 경우 동일한 장소에서 가족구성원 간에 대등하게 어울리지만 언어적 불평등으로 인해 원활한 소통과 교감은 제한적일 수밖에 없다. 중국인의 경우는 장소적으로는 불평등 (구획)하지만 언어적으로 평등한 주거환경으로 인해 가족성원

---

173 두산백과사전.

들 간의 의사소통과 감정 교류는 격의 없이 원만하게 진행된다. 인간 대 인간의 허물없는 소통은 장소의 동일성보다 언어를 사용하는 대화를 축으로 이루어지기 때문이다. 같은 장소에 있다 하더라도 언어의 균형이 붕괴되면 무형의 장벽이 생겨 대화의 원활한 흐름이 막힐 수밖에 없다. 반면 장소적인 당위에 차별이 있다 하더라도 언어적인 제어장치만 해제된다면 구성원들 간에 생각, 정서, 의사를 충분하게 교환할 수 있다.

이로 미루어 볼 때 존댓말의 사용 시기는 온돌의 보급 시기인 고려시대 중기부터임을 추정할 수 있다. 하지만 한국인의 언어생활 전반에 걸쳐 존댓말이 일반화된 것은 조선시대에 탄생한 한글창제로 언어가 규범화되면서부터였을 것이다.

그러니까 온돌이 보급되기 이전에는 한반도에서도(특히 고구려) 방위에 의해 서열을 구분했을 것이고, 서열과 위계질서가 장소적 기능에 의존했던 시기에는 언어적 서열 구분장치인 존댓말이 아직 생겨나지 않았음을 추측할 수 있다. 한국어의 존댓말은 순전히 가족 내의 서열과 위계를 구분하기 위해 설정된 언어적 장치이다.

끝으로 한국어의 연음 현상과 가족성원들 사이의 관계에 대해 한마디 보태려고 한다.

연음은 첫 음절이 뒤에 오는 음절에 자신의 음가 일부를 희생하여 전이시키고, 뒤의 음절은 앞에서 전수하는 음가를 흡수하고 자신의 음가는 아래 음절에 전가시키는, 음가전이와 변화의 문법적인 현상이다. 이는 한국 전통가족구성에서 개체성이 배제된, 가족 중심주의와 성원들 간의 잉여 유착 상태를 반영한다. 현재는 과거의 그림자에 불과하고, 개인은 가족의 부속품에 불과하다. 그러나 중국어에는 음가 변화와 전이 과정이 없다. '활인活儿'과 같은 경우에도 두 음절의 단순 합치(결합)일 뿐 각 음절의 독립적 음가는 불변한다. 언어의 이와 같은 현상을 가족구성원들 간의 역학적 관계에 대입해 보면, 중국의 가족제도에서 구성원들은 개인들의 가치 확보와 개성의 독립성을 반영한다는 결론에 도달하게 된다. 개체성보다는 가족성이 우선시되는 한국의 전통가족관계와는 달리 중국의 전통가족관계에서는 가족공동체보다 개인의 존재가 우선시된다는 것을 의미한다.

3. 예의범절

한국의 대표적인 인사 예법은 절이고, 중국의 전통 인사 예법은 공수拱手이다.

서양인은 신체의 접촉을 통해(악수, 포옹, 키스) 대인 간의 예의를 표시하지만, 동양에서는 신체 접촉을 피하고 단지 신체의 위치를 낮추는 식으로 상대에게 공경을 표시한다. 몸과 시선을 상대방보다 낮춤으로써 공경을 표시하는 이유는 고대사회에서 높이는 곧 위계와 권위를 상징하기 때문이다. 높다는 것은 하늘과 가깝다는 것을 의미한다. 가장 높은 옥좌에 앉아 있는 황제는 그래서 하늘의 아들인 천자라고 부른다.

절은 '궤배跪拜'라고 하여 중국에서부터 시작된 인사 예법이다. 상고시대의 절은 지표면에 꿇어앉아서 생활한 데서 생겨난 예의범절이다. 왕도 신하도 모두 바닥에 꿇어앉은 상태에서 공경과 충성을 표시하는 방법은 오로지 상대보다 몸과 시선을 낮추어 절을 하는 인사 뿐이었다. 그러나 입식생활로 전환하면서 사람들은 꿇어앉다가 일어서게 되었고, 그에 따라 인사법도 절이 아닌 공수라는, 서서 하는 인사 예법으로 진화하게 된 것이다.

중국의 인사 예법인
공수

사실 공수도 상고시대부터 궤배跪拜예법과 함께 공용해왔었다. 그것은 꿇어앉았을 때와 서 있을 경우에 대비하여 인사 방법도 달랐음을 의미한다. 상고 시기의 공수는 수갑[174]을 찬 노예를 모방한 것이라고 전해지고 있다. 상대방이 자신을 부리기를 기다린다는 뜻으로 공경을 나타낸 것이다. 주周나라 때에도 동년배끼리 만나면 공수로 인사를 주고받았다.

　그러나 중국에서 입식생활이 일반화되면서 군신 간을 제외하고는 절 예법이 거의 사용되지 않았고, 대신 입식생활에 적합한 공수 인사법이 일반화되었다. 무릎 꿇는 것을 공경한 자세로 여기는 한국의 예의풍속과는 달리 중국인은 서는 것을 공경한 자세로 여기는 습속이 완전히 자리를 잡았다.

　한국에서 절 예법이 유난히 발달한 이유를 예를 중히 여기고 웃어른을 숭상하는 예의지국이기 때문이라는, 얼토당토않은 억지 논리에서 찾을 것이 아니라, 온돌문화에서 그 원인을 찾는 것이 훨씬 더 현명한 판단일 줄로 안다. 온돌에 마주앉을 경우 몸을 낮추려면 허리를 구부려야 한다. 그러나 상대방은 가부좌 자세이고, 절을 하는 사람은 무릎을 꿇은 상태여서 허리나 목을 구부려도 시선은 여전히 평행되기 마련이다. 여기서 자세를 더 낮추려면 이번에는 바닥에 머리를 조아려 엎드리는 수밖에 없다. 이 경우 몸의 균형을 잃고 앞으로 넘어져 이마를 짓찧을 수도 있기에 손으로 바닥을 짚어 기울어진 상

---

174 죄인이 목에 차는 칼.

체의 균형을 지탱하는 한편 바닥과 이마의 충돌을 완화시킨다.

이것이 바로 한국인의 절이다. 온돌문화로 인해 습속화된 인사 예법임을 알 수 있다.

'한민족 고유의 문화유산'인 절은 『삼국지』「위서동이전 고구려조」에 '궤배跪拜'라는 표현이 있는 것으로 보아 중국에서 전래된 예법이 그대로 고구려에 전수되었다가 고려 시기에 들어와 온돌이 전국적 범위로 보급되면서 한국만의 고유한 인사 예법으로 자리 잡게 된 것으로 간주된다. 그러나 일부 국수주의 학자들의 의도적인 왜곡에 의해 과대 포장됨으로써 절문화의 진실이 외면된 것이다.

4. 한국인의 전통생활습속 몇 가지

(1) 아기 등에 업기

아기를 등에 업는 행위는 우선 아기의 신체 발육에 주는 유·불리를 떠나 지게, 물동이 등과 함께 타자를 자아와 일체화하여 내 몸의 일부분으로 포섭함으로써 양자 사이의 복잡한 컨트롤 과정을 생략하려는 무의식적 욕망의 표현이라고 할 수 있다.

아기 등에 업기는 온돌과 좌식생활의 연장이다. 따스한 체온을 발산하는, 편안한 엄마의 등은 사실상 이동하는 자그마한 온돌이나 다름없다. 아기를 등에 업음으로써 서로 상이한 두 가지의 작업인 육아와 노동을 동시에 수행할 수 있다는 유

등에는 아이를 업고 머리에는 물건을 인 조선시대 여인들의 고단한 삶

익한 점 때문에 여인들이 선호하는 아기 업는 방식이 되었을 것이다.

그러나 이것은 어디까지나 엄마만 누릴 수 있는 일방적 편의일 뿐, 등에 업힌 아이의 입장에서 보면 엄청난 고통과 수난을 감수해야만 한다는 데 문제가 있다.

일단 아이를 등에 업으면 흉부 압박과 호흡 장애가 생기며, 웅크린 자세로 인해 체형이 개구리 형태로 변형된다. 여름에는 더위로 인해 피부질환이 발생하고, 골격이 아직 굳기 전이어서 사지의 정상적인 발육이 곤란하다. 뿐만 아니라 성인인 엄마의 골반이 넓어 다리는 X자형이나 O자형이 된다. 등에 업히면 쉽게 수면을 취하게 되는데, 이때 어린아이는 엄마의 불결한 땀 냄새와 옷에 묻은 먼지를 호흡하게 되어 건강에도 해롭다. 뿐만 아니라 운동도 상대적으로 적어 신체의 정상적인 발육이 지연된다.[175]

중국인은 아이를 업을 때 포대기로 싸서 엄마의 체온과 격리시킨다. 뿐만 아니라 다리를 곧게 펴서 업는다. 이동할 때에도 등에 업지 않고 손수레나 멜대에 담는다. 어린애의 발육과 건강에 모두 유리하다.

---

175 『家庭』, 上半月, 1988年 8期, 「漫谈背孩子」, 吳炳楷.

(2) 팔짱과 뒷짐

인간의 습관적인 몸 자세는 그가 처한 생활환경에 의해 체질화된 것이다.

중국인들은 팔짱을 잘 끼는데 이는 의자생활과 연관이 있다. 한국인들은 뒷짐 자세를 즐겨 취하는데 이는 온돌에서의 좌식생활의 결과이다. 의자에 착석할 때 상체는 중력을 등받이에 분산시키며 예각 자세를 취한다. 자리에서 일어나면 등받이에 기댐으로써 뒤로 젖혀졌던 허리를 예각 상태에서 수직 상태로 당겨와 곧게 펴야 하는데 여기에 필요한 동작이 바로 팔짱이다. 팔짱은 어깨를 앞으로 당겨옴으로써 상체를 수직 상태로 원상 복구한다.

팔짱은 온돌방보다는 추운 주거공간에서 밖에 드러난 손과 손목을 소매 안에 삽입하고 두 팔로 가슴을 부여안음으로써 인체보온 효과기능도 겸행한다.

뒷짐은 허리를 굽히고 구들에 앉아 생활하는 한국인이 자리에서 일어설 때 둔각으로 굴절되었던 상체를 뒤로 젖혀 신체를 수직 상태로 복원하기 위한 본능적인 동작이다. 한국인에게 일어선다는 것은 굴절된 상체를 원 상태인 수직으로 변환한다는 의미이다. 뒷짐을 지면 자연히 앞으로 굽어들었던 어깨가 뒤로 펴진다. 허리가 굽은 노인들이 특히 뒷짐을 많이 짓는 것은 굴절로 인한 허리의 통증을 수직으로 변화시킴으로써 완화하려는 움직임이다. 기지개 역시 수면 시에 꼬부리고 자던 육신의 신장伸長을 꾀하는 무의식적인 행동이다.

뒷짐을 짓는다는 건 허리를 굽히고 사는 시간이 많음을 의미한다. 허리가 접어지고 가슴이 욱어들면 폐장의 기능은 물론 위장의 기능도 원활하게 이루어지지 못한다. 신체 성장과 건강에도 유익하지 못하다. 한국인은 집에 있을 때에는 온돌에 앉아서 허리가 굴절되고, 노동을 할 때에는 자루가 짧은 호미를 사용해 허리가 굽어든다. 김매기 작업을 할 때에는 무릎 관절까지 심하게 굴절된다.

그러나 중국인들은 집에서는 의자에 앉아 지내고, 전답에서는 자루가 긴 호미와 멜대를 사용하여 항상 신체의 수직 상태를 유지한다. 입식생활의 수직적 신체 자세는 지면과의 거리가 멀어 중력이 증폭하므로 지속적인 유지가 힘들지만 건강과 성장에는 유리하다. 다행히도 앉을 경우에는 의자 구조에 중력을 분산시켜 입식으로 인해 발생한 고통을 덜고 충분한 휴식을 취할 수 있다. 한편 좌식생활의 굴절 신체 자세는 지표면과의 거리를 좁혀 임시로는 편안하지만 궁극적으로는 건강과 인체 성장에 불리하다.

선다는 것은 중력과의 전쟁을 의미하지만 그 고통의 대가로 인간은 동물로부터 영장류로 진화할 수 있었다. 앉는다는 것은 중력과의 타협 내지는 굴복을 의미하지만 그것은 그 시간만큼 인간을 동물성으로 회귀시킬 뿐이다.

(3) 널뛰기

널뛰기는 몇 안 되는 한국의 고유한 놀이문화 중의 하나이
다. 대체로 한국의 놀이는 그네(중국), 굴렁쇠(몽골)와 같이 타
민족문화에서 전래된 박래품들인 데 반해, 널뛰기만은 한국의
특이한 여성주거문화와유교, 이데올로기에 의해 산생된 토속
문화이다.

널뛰기는 13세기 고려시대부터 여성의 놀이문화로 보급되
었던 것으로 연구 결과가 나오고 있다. 민속학자들은 널뛰기
가 '다리의 탄력'과 '도약, 몸의 균형 유지' 등 우월성이 있는
것으로 주장하고 있다. 그런데 학자들이 주장하는 '널뛰기의
뛰어난 효과설'은 효과의 단면만을 확대 해석한 것임을 지적
하지 않을 수 없다.

누구나 알고 있는 널뛰기의 유래에 관한 속담 하나를 상기
해보도록 하자.

처녀 때 널뛰기를
안 해 보면 시집 간
후 아기를 낳지 못
한다.

널뛰기 (1920년)
세상과 격리된 닫힌
공간에서 여성이 세
상과 시선으로나마
소통할 수 있는 유희
가 널뛰기였기에 상
해의 위험을 감수하
면서까지 즐겼던 것
이다.

이 속담은 단도직입적으로 널뛰기가 여성의 신체에 직접적으로 미치는 충격의 강도에 대해 암시하고 있다. "아기를 낳지 못한다"는 말은 널뛰기를 해야 처녀의 상징인 처녀막이 터져 출산이 수월하다는 의미일 것이다. 보통 혼전 '처녀'들의 처녀막이 열리는 현상은 강도가 높고 과격한 운동을 하는 선수들한테서나 주로 나타난다. 그런데 널뛰기가 처녀막이 터질 정도로 높은 강도의 유희(차라리 운동이라고 하는 편이 나을 것 같지만)라니 인체에 미치는 물리적인 충격이 얼마나 큰가를 단적으로 입증해주는 셈이다. 더구나 여성의 신체구조가 남자에 비해 섬세하고 연약하다는 점을 감안할 때 그 충격은 배가 될 것이다. 게다가 몸의 균형을 잡지 못하거나 착지 시에 다리라도 삐끗하면 발판에서 떨어져 사고가 날 위험까지 감수해야 하는, 상당히 과격하고 모험적인 운동이 아닐 수 없다.

그런가 하면 유희가 아닌 운동이라 하기에는 정적이고 부동자세여서 부족한 점이 없지 않다. 수직운동뿐이고 자신의 몸무게가 운동의 에너지가 될 뿐이다. 신체의 움직임은 거의 없지만 신체가 감당해야 하는 충격은 거대하다. 수직으로 낙하하여 발판을 밟는 순간 그 충격은 곧바로 뇌수에 전달되며 오장육부도 동시에 심한 충격을 받는다. 그 충격의 강도는 앞에서 말했듯이 처녀막이 파열될 정도이다. 거의 경 접촉사고 수준이라고 할 수 있다. 무릎 관절에 가해지는 충격도 결코 만만하지 않다.

그럼 한국 여성은 왜 이처럼 신체에 치명적인 해가 될 수 있

한국 전통문화의 허울을 벗기다-한·중 문화 심층 해부

는, 위험까지 동반한 널뛰기 유희를 즐겨했을까?

이 역시 좌식생활과 무관하지 않다고 필자는 감히 단언한다.

유교적 이데올로기 사회에서 여성은 온돌에서 좌식생활을 해야 될 뿐만 아니라 안채나 후원의 폐쇄된 깊숙한 공간에 갇혀서 세상과 격리된 삶을 살아야만 했다. 여성들은 주변을 에워싼 격리장치에 늘 시선이 막혀 답답하고 고독한 생활을 하지 않으면 안 되었다. 닫힌 공간에서 막힌 시선을 극복하는 대안으로 떠오른 것이 널뛰기였던 것이다. 외부 세계에 대한 끈질긴 동경심과 경계를 초월하는 시선을 확보하려는 불굴의 의지는 위험천만한 널뛰기의 모험을 시도하도록 여성들을 유혹했던 것이다. 그네도 시선을 확보하려는 유희의 일종으로, 일단 마당이 넓어야 하고 설치하는 절차도 복잡하다. 하지만 널뛰기는 좁은 공간에서도 설치가 가능하여 숙녀들의 사랑을 더 받았을 것이다. 널빤지 한 장에 나무토막 하나면 놀이가 가능해 지난날 사대부가의 여성들이 즐겼을 것으로 생각된다. 그네는 주로 넓은 야외에 설치되고 명절 때나 뛰는 유희 도구라면, 널뛰기는 시간과 장소에 구애받지 않고 언제라도 즐길 수 있는 유희 도구라는 편리함이 여성 유희로 일반화될 수 있었던 매력 포인트라고 할 수 있다. 사실 중국에서 전래된 그네는 널뛰기보다 운동량이 더 크지만 이런 이유 때문에 시간과 장소의 제한을 받을 수밖에 없었다. 그네는 수직, 전후前後, 곡선 운동과 다리와 팔(줄을 잡고 뒤로 당기기) 등 운동 범위가 널뛰기에 비해 넓으면서도 신체에 가해지는 충격은 전혀 없다. 그럼에도 불구하고 널뛰기와의 경쟁에서 2순위로 밀려난 것은 상술한 이유 때문이다.

아무튼 한국 여성들은 널뛰기 유희를 즐겨했고, 이 널뛰기 유희로 인하여 여성들은 많건 적건 간에 두뇌 발달과 인체 성장 및 건강에 영향을 받았다고 보는 게 옳을 것이다. 지능은 떨어져도 상대적으로 생육기능은 왕성해지는 등 널뛰기로 인하여 한국 여성의 몸에서 일련의 내면적인 변화가 진행되었을 법도 하다.

(4) 물동이

물동이를 머리에 이는 토속풍속은 자연 지형과 여성들의 생활환경과 관련이 있을 것으로 간주된다.

우물은 땅을 파서 물을 길어 올리는 것이고, 샘은 지하수가 땅에서 솟아나는 것인데, 산간지대는 샘이 많고 평야지대는 우물이 대부분이다.[176]

---

172) 『한국의 민가』, 金鴻植, 한길사, 1992년, p.494.

한국 전통문화의 허울을 벗기다─한·중 문화 심층 해부

살림집 터전은……맑은 샘이 차고 달아야 하며[177]

고구려 영토에는 산이 많고 골이 깊고 평야가 없어서 보통 산골짜기의 기슭에 의지하여 집을 짓고 바위틈에서 솟는 샘을 마신다.[178]

한반도의 지세는 전반적으로 산간지대여서 식수를 대부분 자연수에서 해결한다. 샘물은 쪼크리고 앉아서 표주박으로 동이에 퍼 담는다. 멜대(물지게)가 노면이 평탄한 평야지대에서 사용하기 적합하다면, 물동이는 경사지거나 가파른 비탈길 또는 언덕길에서 사용하기 편리하다.

물동이를 인 여인
(조선시대)

그러나 단순히 이런 조건만으로 물동이를 이는 고유 풍속이 형성된 것은 아니다.

산골길은 흔히 바위돌이나 나무뿌리들이 많아 울퉁불퉁하므로 멜대를 사용하여 물을 긷는 경우 물통이 걸려 물을 흘리거나 사람이 넘어질 수도 있다. 앞쪽의 물통이 걸리지 않도록 방향을 비틀면 이

---

177 『山林經濟』.
178 『삼국지』 「동이전」.

번에는 뒤쪽의 물통이 돌부리에 걸리기가 십상이다. 그러므로 이런 길에서 물동이를 사용해 발만 장애물을 피하면 물을 흘리거나 넘어질 우려는 없다. 게다가 앞뒤에 물통 두 개를 단 멜대보다 물동이는 훨씬 무게가 감량되어 여성의 힘에 알맞은 도구이다.

물동이를 이는 습관은 또한 한국 여성들이 아기를 등에 업는 습관과 연관지어 생각해 볼 필요가 있다. 아기를 등에 업고 물지게를 지면 등에 업은 아이의 머리를 상할 수 있으며 이동에도 불편하다. 그러나 물동이는 등에 업은 아이의 수면이나 안전을 동시에 보장할 수 있다.

물동이를 이게 된 습관은 한국인의 지독한 남존여비사상과도 연관이 있다. 중국인들은 방아나 물 긷기 같은 일을 중노동으로 여기고 보통 남자들이 담당했다. 그리하여 남자들의 힘에 맞게 물통 두 개를 단 멜대로 물을 긷는다. 물론 멜대 사용은 평야지대의 평탄한 도로와도 관계가 있다. 그러나 한국 가정에서는 방아질이나 물을 긷는 가사노동을 여성이 감당했으므로 여성의 힘에 맞는 동이가 물을 긷는 도구로 정착된 것이다. 일제 강점기에 한강에서 물을 길어 파는 남정네들은 남성들의 힘에 맞는 물지게로 강물을 메어 날랐다.

이것이 한국 여성들이 물동이를 애용하게 된 진실이다.

5. 고구려 고분벽화에 대한 새로운 해석

고구려는 수천 년 동안 중국이라는 거대한 문화 그늘에 묻혀 시들어버린 굴욕의 한국사에서 유일하게 세계를 향해 한국인의 체면을 살려주는, 자랑스러운 고대 국가이다. 한국은 고구려 고분벽화를 이와 같은 사실을 입증해주는 유력한 학술적 증거로 제시하고 있다.

그러나 고구려의 역사는 중국 학계의 이른바 '동북공정'에 의한 '지방소수민족정권'설에 직면하여 최후의 민족적 자존심마저도 중국의 그늘에 묻히는 수모를 견뎌내야만 하는 위기 상황에 내몰리고 있다.

한중 사학계의 뜨거운 논란에 휘말려든 고구려 정권의 정치적 성격 문제에 대해서는 졸저『한국의 고대사를 해부한다』에서 필자의 소견을 피력했기에 본서에서는 언급을 자제하고, 고분벽화의 실체 분석에만 해부의 초점을 맞추려고 한다.

고구려 고분벽화가 논란의 대상이 되는 것은 이 문화 유적도 중국문화의 흔적이 짙게 배어 있다는 사실 때문일 것이다. 결국 고구려 고분벽화가 중국문화의 모방인가 고유 문화인가 하는 것이 문제시 될 수밖에 없다.

안악3호분의 무덤 주인의 모습이 이목구비 표현이 다를 뿐 풍만함과 긴 얼굴, 구도 및 표현기법으로 보아 하북안평추가장전실

묘(후한대後漢代) 벽화의 묘주도와 많이 닮아있으며, 중국 요령 조양朝陽원태자袁台子고분벽화(위진대魏晉代)의 묘주도와는 반달형 눈썹, 긴 눈 등 이목구비 표현도 유사하다. 또한 장방 안에 앉아 있는 묘주와 묘주부인도의 주인공과 좌우 인물들의 지위, 거리에 따른 삼각형 구도 및 화면 구성이 요령, 요양상왕가촌묘(서진대西晉代)의 묘주도와 유사하다.[179]

안악3호분과 조양원태자고분벽화의 묘주도는 설명만 삭제하면 같은 그림으로 착각할 만큼 닮아 있어 복사본을 연상케 할 정도이다.

안악3호분과 등장 인물은……묘주의 얼굴 형태, 구도 등을 고려할 때 중국 위·진대 인물의 특징적 요소들을 거의 그대로 지니고 있다.[180]

동수묘의 구조는 산동성 기남沂南에서 발굴된 대형 화상석묘와 비슷하나 묘 안에 그려진 동수의 초상은 안평묘에서 발견된 동한의 초상화를 원형으로 하고 있다.[181]

---

179 『고대 중국 고분벽화와 고구려 고분벽화의 관련성』, 석사학위논문, 2008년 8월, 부산대학교 교육대학원 미술교육전공 장명숙, p.52.

180 동상서, p.53.

181 『중국회화사3천년』, 양신·리처드 반하드·섭숭정·제임스 캐힐·낭소군·무홍 저, 정형민 옮김, 학고재, 1999년 6월 10일, p.36.

한국 전통문화의 허울을 벗기다-한·중 문화 심층 해부

필자가 본 장에서 주목하는 것은 벽화 내용의 유사성은 그 벽화를 그린 화공의 예술적 기법과 개성, 벽화석각기술의 동일성을 전제로 한다는 점이다.

본론으로 들어가기 전에 우선 중국의 영향을 받지 않은 고구려고분의 모습부터 살펴보도록 하자. 우리는 그 사례를 고구려고분 중 축조 연대가 가장 오래됐다는, 3세기 초로 추정되는 민보정1368호에서 찾아볼 수 있다. 중국인의 영향이 가장 뿌리 깊은 낙랑군 지역(평안도·황해도)이 아닌, 고구려의 발상지인 현토군 시절의 고구려지역이라서 신빙성이 더욱 높다.

이미 낙랑시대인 2세기부터 무덤 안을 벽화로 장식하는 관습이 있었던 평양지역과는 달리 고구려의 국내성 일대에서는 4세기에 들어서도 무덤 안에 무엇을 그려 넣는다는 관념과는 거리가 먼 돌무지무덤을 전통적 무덤양식으로 삼고 있었다. … 만보정1368호분 벽화는 캔버스처럼 펼쳐진 벽과 천장의 나누어진 벽화면들은 처음부터 빈 그대로 놓아둔 듯하다. … 고분벽화라는 장의미술에 대해서 알지도 못했고, 이와 관련된 제작전통도 존재하지 않았던 고구려 국내성 지역에서의 고분벽화 출현 과정이라 초기 작품인 셈이다.[182]

---

182 『기둥만 세워진 집, 만보정1368호분 벽화』, 전호태, 한국역사연구회.

중국 요녕성 조양시 원태자(袁台子)향 동진 벽화묘(상)와 동수묘(하) 이 그림을 처음 접한 사람들은 동일한 그림으로 혼동할 만큼 인물의 모습과 표현 기법이 유사하다.

만보정1368호분 벽화의 축조 연대는 4세기 초·중엽이라고 한다. 그런데도 백회 벽면, 검은색 기둥과 들보, 두공 몇 개를 그렸을 뿐이다. 고구려인들은 고분벽화 제작기술을 습득하지 못하고 있음을 입증해주는 유력한 증거이다.

그러나 이보다 2세기나 앞선 낙랑군지역의 채협총(평양)에는 채색의 수렵도, 인물도의 벽화가 출현한다.[183]

채협총 벽화는 중국 한대에 유행하던 무덤장식습속이 한반도에서 재현된 것이다.[184]

고구려 고분벽화는 고구려인의 장의문화가 아니라 한사군 때부터 중국으로부터 답습한 장의문화임을 알 수 있다. 문제는 중국 장의문화의 고구려에로의 전래 과정을 학술적으로 소상하게 밝히는 작업이다. 본문에서는 안악3호분 벽화를 중심 텍스트로 삼고 논의를 전개하려고 한다.

고구려 고분벽화의 모태가 된 중국 고분벽화 화상석, 화상전畵像磚이 발달한 원인은 양한兩漢 시기에 유행한 후장풍속에 있다.[185]

183 『낙랑채협총』, 조선고적연구회 편저, 1934년 동경, p.42.
184 『디지털한민족문화대백과사전』, 동방미디어, 2001년.
185 『汉代画像石综合研究』, 信立祥 著, 文物出版社, 2000년 8월, p.17.

한무제 시절(기원전140~전67년) 박장풍속이 후장으로 전변한 것은 유가의 '효孝'이론이 그 원인을 제공하고 있다.[186] 고분벽화의 몰락은 전란으로 인한 사회 혼란과 경제적인 피폐를 그 원인[187]으로 들 수 있다. 그러나 본서에서는 중국 중원지역 고분벽화 한화상석묘漢畵像石墓의 몰락 원인에 대해 조금 다른 견해를 제시하려고 한다. 전란과 경제 피폐가 몰락 원인으로서 타당성이 결여됨은 전후戰後 정치적 안정과 경제 회복과 더불어 고분벽화의 부흥이 이루어지지 않았기 때문이다. '전통 유교적 규범이 급속도로 그 호소력을 상실'[188]한 것도 원인 제공의 출처가 되는데 이는 일리가 있는 주장이다. 재력과 인력을 동원해 고분벽화를 제작하여 돌아가신 부모에게 효도를 행했으나 전란의 피해로부터 후손들을 보호해 주지 못한 조상의 음덕은 유교의 실용성을 실추시켰을 것이며 상실감에 빠진 이들은 '개인의 사상과 감정 표현을 권장한 불교와 도교종파들에서' 새로운 정신의 안식처를 찾았다.[189] 그러나 고분벽화 몰락의 결정적인 원인은 이것 말고도 별도의 이유가 있을 것이 분명하다. 필자는 그 원인을 종이의 발견 및 보편적인 사용과 결부시켜 고찰하려고 한다.

---

186 『동상서』, p.7~8.

187 『동상서』, p.19.

188 『중국회화사3천년』, 양신 · 리처드 반하드 · 섭숭정 · 제임스 캐힐 · 낭소군 · 무홍 저, 정형민 옮김, 학고재, 1999년 6월 10일, p.35.

189 『동상서』, p.35.

한국 전통문화의 허울을 벗기다-한·중 문화 심층 해부

중국에서 종이의 역사는 기원전 200년에서 기원전 8년까지 거슬러 올라간다. 이 시기에 이미 삼 껍질 섬유종이가 발명되었다. 그러나 지질紙質이 거칠고 생산량이 적고 비용이 많이 들어 일반화되지 않았다. 동한 원년(105년)에 채륜이 종이제작기술을 개진했다. 그전까지는 죽간竹簡이나 목간木簡에 글을 썼다. 채륜 이전에 견사絹絲종이가 있었으나 사백絲帛이 너무 비싸서 대량생산이 어려운 단점이 있었다. 채륜이 처음으로 나무껍질로 종이를 제작했고, 80년 뒤에 좌백左佰이라는 새로운 종이가 탄생했다. 질이 섬세하고 두께가 균일한 좌백지左佰紙(185년)는 진대晉代(4세기)에는 이미 죽간과 목간을 따돌리고 글씨 쓰는 주요 재료로 확고하게 자리 잡았다.

종이가 화지畵紙로 사용된 것은 바로 이 무렵이다.

3, 4세기에 … 교육 받은 화가들이 역사 무대에 등장하여 미술이 개인의 정신적 풍격을 구현하기 시작했다. 또 미술 감정가와 비평가들이 생겨나고, 사회의 엘리트 계층에서는 회화작품 수집이 크게 유행하였다. … 휴대할 수 있는 화폭인 두루마리卷와 족자軸가 출현하였다는 것이다. 다시 말해 이미 회화는 더 이상 건축물과 기물에 부속된 것이 아니라 독립적인 예술 장르가 되었다는 것이다.[190]

190 『중국회화사3천년』, 양신 · 리처드 반하드 · 섭승정 · 제임스 캐힐 · 낭소군 · 무홍 저, 정형민 옮김, 학고재, 1999년 6월 10일, p.35.

권축화卷軸畵를 최초로 그린 화가를 고개지顧愷之(346~407년)로 본다. 고개지는 4세기 동진의 대 화가이자 문학가로 '낙신부도' 등 인물화와 산수화를 잘 그렸다. 이 시기(위진남북조)의 화풍에서 자연 선호의 기풍이 높아진 원인은 한대漢代의 죽은 자를 위한 고분벽화를 통해 내세에 쏠렸던 사람들의 관심이 살아 있는 자들에 의해 휴대와 소유가 가능한 종이 그림의 탄생을 계기로 관심의 촉수가 현세로 이동했음을 의미한다. 종이의 발명과 사용은 장의의식의 한 단계에 불과하던 미술을 죽은 자의 일방적인 소유에서 분리하여 산 자들의 향유와 소유물로서의, 진정한 예술로 태어날 수 있도록 탯줄 역할을 한 중요한 문화유산이다. 종이는 미술을 죽은 자의 무덤 안에서 산 자의 방 안으로 끌어 내옴으로써 수백 년을 계승해온 고분벽화의 역사에 종지부를 찍을 수 있었다.

종이의 발명
종이의 발명은 장의 미술을 분묘에서 살아 있는 인간의 소유물로 환원시키고 예술로 승화시킨 계기를 마련해 주었다.

　　종이의 발명자 채륜은 남방의 호남성 내양來陽(계양인桂陽人) 사람이다. 종이의 시작은 남방이었음을 설명한다. 그런 연유로 남방은 고분벽화가 다른 지방보다 일찍 자취를 감추게 된

　　　　　　한국 전통문화의 허울을 벗기다-한·중 문화 심층 해부

것이다.

남방에서는 3세기에서 6세기까지 분묘벽화가 사실상 전혀 만들어지지 않았으며 … 특히 양자강 유역에서 권축화가 출현함으로써 회화작품이 독립적인 회화작품으로서 크게 발전한 것이다. 이러한 현상은 개성을 특히 강조하는 문인문화의 급속한 성장과 밀접하게 연관되어 있었다. 이러한 새로운 사조는 3세기에 시작되었다.[191]

그런데 한 가지 주목해야 할 점은 고분벽화가 종이의 보급으로 인해 자취를 감추긴 했지만 그 전통의 맥이 완전히 단절된 것은 아니라는 사실이다.

분묘벽화의 전통은 한대漢代 이후 북쪽에서 계속되었다. … 3세기부터 4세기 사이에 지어진 분묘벽화들은 모두 동북지방과 서북지방에서 발견되는데, 상대적으로 평화로웠던 변방인 이 두 지역이 혼란스러웠던 중심지역에서 이주해 온 사람들의 피난처가 되었던 것이다.[192]

---

191 동상서, p.42.
192 동상서, p.36.

요점은 인적 이동이 장인과 기술의 이동을 수반한다는 점이다.

종이의 보급과 미술의 종이 사용은 분묘벽화제작을 전업으로 삼고 생계를 유지하던 일진의 기술자와 화공들에게는 하루아침에 실업자로 전변시키는 악재로 작용했다. 피난민의 구성은 대체로 고향에서 흉년이 들었거나 실직했거나 전란으로 떠돌이 신세가 된 사람들이라는 점을 감안할 때, 이들이 북으로 이동하는 이민자 속에 섞였을 거라는 추측은 금시 설득력을 획득하게 된다. 분묘벽화제작을 주업으로 삼던 화공이나 석공들의 실직이 가족 전체의 생계를 파탄에 몰아넣을 수 있다는 추측에는 그럴 만한 이유가 충분히 있다. 벽화 장인들은 대체로 가족, 친지, 동향인들을 단위로 팀을 구성하고 그 내부에서 기술을 전수한다. 그러므로 한 사람의 실직은 곧 가족성원 전체의 일거리가 없어짐을 의미하기도 한다.

상주 기록이 이름난 화공과 솜씨 있는 장인을 고용한다. 즉 화상석을 가장 잘 그리는 최고의 기술자들을 청해 제작을 위임한다. 향타군芬他君 사당의 건축자들은 조의操義, 영보榮保, 대성代盛, 소강생邵强生이다. 무량사武梁祠의 건축 책임자는 위개偉改와 허안국許安國이고, 사당의 건축 책임자는 왕숙王叔, 왕견王堅, 강호江胡, 란석欒石, 련차連車 등이다. 당연히 당대에 이름난 화상석 장인들일 것이다. 영보榮保가 산양인山陽人인 것을 제외하고는 조의操義와 위개偉改의 관적은 불명하고 기타 사람들은 모두 고평高

平인이다. 이는 당시 지금의 산동 서남부지역에서 고평인으로 구성된 화상석 장인 집단이 활약했음을 의미한다. 그중 일부 사람들은 혈연관계가 있다. 지연과 혈연관계는 화상석 제작기술의 계승과 발전에 유리하다.[193]

지연—혈연관계라는 장인 집단의 특수한 구성은 기술의 보수성과 계승을 가능하게 한다.

일부 한화상석 분포 지역에서는 일정한 범위에서 화상석의 조각기법과 예술 풍격의 일치성과 계승성을 나타낸다.[194]

기술의 일치성과 내적인 계승성은 곧바로 장인 집단의 차이에 따라 다른 분묘벽화의 특징으로 반영될 수밖에 없다.

일자리를 잃고 살길을 찾아 중원의 변방으로 이주한 장인집단이나 개인 기술자들은 이처럼 자기들의 집단에서만 소유하고 있던 보수적인 개성과 예술기법들을 지닌 채 북쪽으로 이동하여 벽화문화를 전파시켰던 것이다. 그들의 이동 영역은 종이 그림이 아직 보급되지 않았던, 그래서 고분벽화의 기술을 활용할 수 있는 고구려를 포함한 요동, 요서, 몽골, 신강 등 중원 밖의 변방지대였다.

---

193 『汉代画像石综合硏究』, 信立祥 著, 文物出版社, 2000년 8월, p.24.
194 동상서, p.24.

그들은 고분벽화제작의 두 가지 기법인 회벽화와 석각화 기술을 모두 장악한 엘리트 기술자들이었다. 그런데 석각화는 많은 인력과 기술, 재력이 필요한 대규모 공사이다. 화공과 석공은 물론이고 석재 운반, 설치 등 작업을 보조하는 많은 인부들이 필요하다. 이런 과정도 전문기술을 요하는 복잡한 과정을 거쳐야 한다.

채석한 석재를 석공이 쪼고 갈아 치석(가공)하면 화공이 먹과 붓으로 밑그림을 그린다. 석공이 다시 이 밑그림을 토대로 끌鑿, 정鏨 등의 도구로 도상을 새기면 화공이 그 위에 채색한다.[195]

이런 기술은 모두 장인 집단 내부를 통해 후손이나 제자에게 극비리에 전수되는 것이다.

고구려 고분벽화의 회벽화나 석각화는 죄다 이들, 중원에서 이주해 온 기술자들에 의해 축조된 것들이다. 이미 앞에서도 지적했듯이 고구려인들은 '4세기에 들어와서도 무덤 안에 무엇을 그려 넣는다는 관념과는 거리가 먼'(전호태) 장의문화를 가지고 있던 사람들이었다.

안악3호분 무덤주인 동수는 조양원태자묘주도를 그렸던 화공이거나 그의 기술을 전수받은 후손 또는 제자를 요청하여 제작한 벽화일 가능성이 많다. 벽화의 예술기법은 화공 개인

---

195 동상서, p.25.

한국 전통문화의 허울을 벗기다-한·중 문화 심층 해부

이나 특정 벽화 장인 집단의 화풍과 직결되기 때문이다. 안악
3호분의 무덤 형식과 벽화기법 그리고 화풍은 적어도 하북안
평추가장전실묘와 조양원태자벽화, 산동기남화상석묘, 안평
묘주도를 그린 화공 또는 화공 집단과 연관이 없지 않을 것으
로 추측된다.

사람은 죽지만 기술은 계승에 의해 소멸되지 않는다.

동수는 전연의 장수였으나 고구려에 귀순하여 자진하여 신
하가 된 중국인이다. 그러나 자신이 배신한 연나라가 후에 황
제를 칭하면서 동진과는 적이 되고, 고구려가 연의 신하를 자
처하자 궁지에 몰린 동수는 멀리 바다 건너 동진의 신하가 된
다.

낙랑 옛 땅의 중국계 주민들이 해상교통을 통하여 강남의
동진과 연락을 하고[196] 있었으므로 한인漢人의 동향과 정보를
환하게 꿰뚫고 있었을 것이 틀림없다. 당시에는 중원 고분벽
화문화가 몰락한 지 150년이 지난 후여서 기술을 보유한 장인
도 얼마 잔류하지 않았을 것이다. 인맥을 통해 각지로 수소문
하여 화공을 초청해 무덤벽화의 제작을 일임했을 것으로 필자
는 추정한다. 분묘벽화는 중국에서도 망자亡者의 가족이 기술
자를 청해[197] 특별 주문하여 만들었기[198]때문이다. 벽화에는

---

196 『유현민의 수석과 미술/고구려 미술회화』, 「아름다운 미술관」.

197 『汉代画像石综合研究』, 信立祥 著, 文物出版社. 2000년 8월, p.24.

198 『중국회화사3천년』, 양신·리처드 반하드·섭승정·제임스 캐힐·낭소군·무홍 저, 정
형민 옮김, 학고재, 1999년 6월 10일, p.36.

반드시 화가 개인의 화풍이 반영될 수밖에 없다.

고구려 고분벽화의 쇠퇴기는 종이의 전래 시기와 맞물린다. 고구려의 종이 전래에 대해서는 3세기, 4~5세기, 6~7세기 등 각이한 주장들이 있지만, 고분벽화가 몰락한 시기를 종이의 전래와 보급 시기로 보는 게 타당하다고 생각한다.

결론적으로 고구려 고분벽화는 중국 고분벽화의 연장이며, 중국의 기술과 장인들에 의해 축조된 것임을 알 수 있다. 요동 고분벽화나 서역의 돈황석굴벽화도 같은 맥락에서 추론할 수 있을 것이다.

고구려 고분벽화를 찬미하는 행위는 결국 중국문화를 숭배하는 행위와 다를 바 없다.

글을 마치며

한국이 천 년 소외와 침체의 질곡에서 탈피하여 선진 문명의 열차에 합승할 수 있었던 결정적인 발단은 수족을 결박한 전통문화의 억압으로부터 구출해 준 서구문화의 강압이었다. 그 편력이 100년도 채 안 된다.

이미 온돌은 황혼 세대의 마지막 안식처로 퇴역의 위기에 당면해 있고, 한복은 명절이나 예식 때에만 입는 예복으로 그 맥박을 간신히 연명하고 있다. 이제 한반도에서 전통문화는 이방문화에 밀려 쓸쓸하게 역사의 무대에서 퇴장하고 있다.

허나 아이러니하게도 한국은 그로 인해 잃은 것보다 얻은 것이 더 많았다. 수십 년밖에 안 되는 서구문명의 도입이 500년 조선왕조의 역사가 이루어내지 못했던 기적을 창조해 낸 내공은 역설적으로 한국전통문화의 한계를 웅변해주고 있다.

수동적이지만 이러한 문화의 전향轉向은 한국의 세계적인 도약을 위해 실로 다행스러운 일이 아닐 수 없다.

본서에서 다루지 않은 관혼상제와 전통예술 분야에 대해서는 다른 기회에 논하려고 한다.

귀중한 시간을 쪼개어 졸저를 완독해주신 독자 여러분들에게 정중히 고개 숙여 경의를 표한다.

2010년 5월

지은이 장혜영

단편소설:『화엄사의 종소리』 외 70여 편
중편소설:『그림자들의 전쟁』 외 10여 편
장편소설:『붉은 아침』(전 2권) 외 5부
학술저서:『한국의 고대사를 해부한다』 외 1부

한국 전통문화의 허울을 벗기다−한·중 문화 심층 해부

초판 1쇄 발행일 2010년 5월 25일

지은이 장혜영
펴낸이 박영희
편집 이선희·김미선
표지 강지영
교정·교열 이은혜
책임편집 강지영
펴낸곳 도서출판 어문학사
　　　　132-891 서울특별시 도봉구 쌍문동 525-13
　　　　전화: 02-998-0094 / 편집부: 02-998-2267
　　　　팩스: 02-998-2268
　　　　홈페이지: www.amhbook.com
　　　　e-mail: am@amhbook.com
　　　　등록: 2004년 4월 6일 제7-276호

인 지 는
저 자 와 의
합 의 하 에
생 략 함

ISBN 978-89-6184-123-8 93300
정가 18,000원

이 도서의 국립중앙도서관 출판시도서목록(CIP)은 e-CIP홈페이지(http://www.nl.go.kr/ecip)에서
이용하실 수 있습니다. (CIP제어번호 : CIP2010001721)